Réflexions

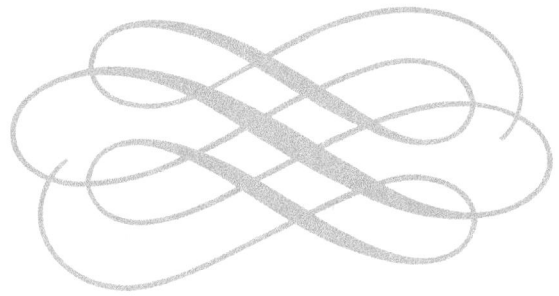

PHILLIP MCCLENDON

ISBN: 978-1-965679-53-1 (sc)
ISBN: 978-1-965679-54-8 (e)

Imprimé aux États-Unis d'Amérique

Dédié à nos petits-enfants. Camille, Samuel, Lily, Annabelle, Savannah, Bleu, Lucy et Laken m'ont enseigné certaines des leçons les plus importantes de la vie et m'apportent une joie qui me coupe le souffle.

Ces méditations sont le fruit d'années de prédication, de lecture et de recherche. Par conséquent, je rends hommage à ceux qui m'ont aidé dans mes efforts en partageant leurs expériences et leurs sermons.

Chaque chapitre peut être apprécié individuellement et appliqué à votre vie quotidienne. N'hésitez donc pas à naviguer librement dans l'ouvrage.

TABLE DES MATIÈRES

JANVIER

Soyez motivé chaque jour

Éphésiens 5:15-17 « [15]Prenez donc garde de vous conduire avec circonspection, non comme des insensés, mais comme des sages ; [16]rachetez le temps, car les jours sont mauvais. [17]C'est pourquoi ne soyez pas inconsidérés, mais comprenez quelle est la volonté du Seigneur ».

Bonne année

Éphésiens 5:15-17 dit : « [15]Prenez donc garde de vous conduire avec circonspection, non comme des insensés, mais comme des sages ; [16]rachetez le temps, car les jours sont mauvais. [17]C'est pourquoi ne soyez pas inconsidérés, mais comprenez quelle est la volonté du Seigneur » (LSG).

Notre temps sur cette terre est limité

Le psalmiste a écrit : « Éternel ! Dis-moi quel est le terme de ma vie, quelle est la mesure de mes jours ; que je sache combien je suis fragile » (Psaumes 39:4). Et encore : « Les jours de nos années s'élèvent à soixante-dix ans, et, pour les plus robustes, à quatre-vingts ans ; et l'orgueil qu'ils en tirent n'est que peine et misère, car il passe vite, et nous nous envolons » (Psaumes 90:10).

Gary Freeman raconte l'histoire d'une fille qui est allée à l'université et qui détestait ça. Mais elle se disait : « Si je peux un jour sortir de l'université, me marier et avoir des enfants, je sais que je pourrai enfin profiter de la vie ».

Alors, elle a persévéré. Elle allait en cours tous les jours et a finalement obtenu son diplôme. Puis elle s'est mariée et a eu des enfants, découvrant que les enfants demandent beaucoup de travail. Elle s'est alors dit : « Si je peux juste élever ces enfants, je pourrai me détendre et vraiment profiter de la vie ».

Mais au moment où les enfants entraient au lycée, son mari lui a dit : « Tu sais quoi ? Nous n'avons pas assez d'argent pour envoyer nos enfants à l'université. Je suppose que tu vas devoir trouver un emploi ».

Eh bien, elle ne voulait pas, mais elle savait qu'il avait raison et qu'ils avaient besoin d'argent. Alors, elle a commencé à travailler et elle détestait ça. Mais elle se disait : « Si je peux juste faire en sorte que ces enfants terminent l'université et que toutes les factures soient payées, alors je pourrai quitter mon travail et vraiment profiter de la vie ».

Finalement, le dernier enfant a obtenu son diplôme universitaire et toutes les factures ont été payées. Elle est donc allée dans le bureau de son employeur et a dit : « Je démissionne ». Il a répondu : « Oh, vous ne voulez pas démissionner maintenant. Si vous restez avec nous encore huit ans, vous aurez une pension pour le reste de votre vie ».

Elle a pensé : « Eh bien, je ne veux pas travailler huit ans de plus, mais il y a tout cet argent là, et je ne peux vraiment pas refuser cette opportunité ». Alors, elle a travaillé huit années supplémentaires. Finalement, elle et son mari ont pris leur retraite en même temps. Ils ont vendu leur maison et acheté un petit cottage pour leur retraite.

Puis ils se sont assis sur la balancelle de leur véranda et ont regardé l'album photo familial en rêvant du bon vieux temps.

Quelqu'un a dit : « La vie, c'est ce qui vous arrive pendant que vous faites des projets pour faire autre chose ». C'est vrai, n'est-ce pas ? Une autre année est passée. Une nouvelle année s'étend devant nous. Aide-nous, Seigneur, à mettre ce temps à profit. Alors, bonne année !

Profitez de cette période de votre vie

Jésus comprenait et connaissait les saisons de Sa vie. Il a dit à Ses disciples : « Tandis qu'il est jour, les oeuvres de celui qui m'a envoyé ; la nuit vient, où personne ne peut travailler » (Jean 9:4).

« Ne pensez pas que nous pourrons proclamer hardiment la bonne nouvelle indéfiniment. Il viendra un temps où les gens ne voudront plus l'entendre. Vos plus grands fans d'aujourd'hui seront vos pires critiques demain. Alors, restez concentrés et faites autant que vous pouvez tant que vous le pouvez. Acceptez le fait que nous sommes la saveur du mois pour l'instant, mais les goûts des gens changent ».

Le balancier oscillant de la popularité est assez évident dans la culture d'aujourd'hui.

Les stars montent et descendent. Le nouveau look de la saison aujourd'hui sera dépassé demain.

L'une de mes expressions préférées dans la Bible est « et cela arriva ». Les bons moments, les mauvais moments-ils arrivent tous. Rien ne vient pour rester indéfiniment, même si cela peut sembler le cas. La seule constante dans la vie est le changement. Comme les saisons naturelles changent, les saisons de nos vies changent aussi. Certaines saisons sont plus longues que d'autres, mais elles finissent toutes par changer. Quand vous ne voulez pas changer, les vents du changement vous propulseront en avant-ou en arrière-de toute façon. Comptez là-dessus.

La seule façon de chevaucher les vents du changement plutôt que d'être emporté par eux est de comprendre la saison dans laquelle vous vous trouvez. Comprenez son but et faites en sorte que la saison travaille pour vous, pas contre vous.

Alors que beaucoup regardent avec envie les succès des autres (conjugaux, financiers, professionnels), l'histoire de ce qu'il a fallu pour arriver là où ils sont est souvent négligée. Quelles déceptions, quels rebondissements inattendus et quelles difficultés invisibles ont précédé leur bonne fortune visible ?

Nous ne pouvons prendre qu'un jour à la fois, en nous reposant sur le fait que les saisons de la vie se déroulent comme elles le doivent. Ce qui doit être sera, alors consacrez-vous à la journée en cours et faites-en le meilleur possible. Que faites-vous quand un désir inassouvi brûle dans votre poitrine ? Que faites-vous quand l'exact opposé de ce que vous avez rêvé ou attendu s'est produit ? Que faites-vous quand ceux qui vous entourent semblent essayer de tuer votre rêve, détruire votre esprit et bouleverser votre foi ? Osez tenir bon et faites confiance au timing parfait de Dieu.

« Car c'est une prophétie dont le temps est déjà fixé, elle marche vers son terme, et elle ne mentira pas ; si elle tarde, attends-la, car elle s'accomplira, elle s'accomplira certainement » (Habacuc 2:3).[83]

Les Leçons de la Vie

Je *crois* que ce n'est pas parce que deux personnes se disputent qu'elles ne s'aiment pas. Et ce n'est pas parce qu'elles ne se disputent pas qu'elles s'aiment.

Je *crois* qu'il n'est pas nécessaire de changer d'amis si nous comprenons que les amis changent.

Je *crois* que peu importe à quel point un ami est bon, il vous blessera de temps en temps, et vous devez lui pardonner pour cela.

Je *crois* que la véritable amitié continue de grandir même sur la plus longue distance.

Je *crois* que vous pouvez faire quelque chose en un instant qui vous donnera du chagrin pour la vie.

Je *crois* qu'il me faut beaucoup de temps pour devenir la personne que je veux être.

Je *crois* que vous devriez toujours quitter vos proches avec des mots d'amour. Ce pourrait être la dernière fois que vous les voyez.

Je *crois* que vous pouvez continuer longtemps après avoir pensé que vous ne pouviez plus.

Je *crois* que nous sommes responsables de ce que nous faisons, quels que soient nos sentiments.

Je *crois* que soit vous contrôlez votre attitude, soit elle vous contrôle.

Je *crois* que les héros sont les personnes qui font ce qui doit être fait quand il faut le faire, quelles qu'en soient les conséquences.

Je *crois* que l'argent est une mauvaise façon de tenir le score.

Je *crois* que mon meilleur ami et moi pouvons faire n'importe quoi ou rien et passer le meilleur moment.

Je *crois* que parfois, les personnes dont vous vous attendez à ce qu'elles vous donnent un coup de pied quand vous êtes à terre seront celles qui vous aideront à vous relever.

Je *crois* que parfois, quand je suis en colère, j'ai le droit d'être en colère, mais cela ne me donne pas le droit d'être cruel.

Je *crois* que la maturité a plus à voir avec les types d'expériences que vous avez vécues et ce que vous en avez appris, et moins à voir avec le nombre d'anniversaires que vous avez célébrés.

Je *crois* qu'il n'est pas toujours suffisant d'être pardonné par les autres. Parfois, vous devez apprendre à vous pardonner vous-même.

Je *crois* que peu importe à quel point votre cœur est brisé, le monde ne s'arrête pas pour votre chagrin.

Je *crois* que notre passé et nos circonstances peuvent avoir influencé qui nous sommes, mais nous sommes responsables de qui nous devenons.

Je *crois* que vous ne devriez pas être si impatient de découvrir un secret. Cela pourrait changer votre vie à jamais.

Je *crois* que deux personnes peuvent regarder exactement la même chose et voir quelque chose de totalement différent.

Je *crois* que votre vie peut être changée en quelques heures par des personnes qui ne vous connaissent même pas.

Je *crois* que même quand vous pensez ne plus avoir rien à donner, quand un ami vous appelle à l'aide, vous trouverez la force d'aider.

Je *crois* que les diplômes accrochés au mur ne font pas de vous un être humain décent.

Je *crois* que les personnes qui vous sont les plus chères dans la vie vous sont enlevées trop tôt.

Je *crois* que les personnes les plus heureuses n'ont pas nécessairement le meilleur de tout ; elles tirent simplement le meilleur parti de tout.

Sagesse et vérité, joliment articulées. L'auteur est inconnu. J'ai reçu ceci par e-mail.

Pas de Temps en Bouteille

Si vous êtes là depuis aussi longtemps que moi, vous vous souvenez probablement des chansons de l'auteur-compositeur-interprète Jim Croce. Il a grandi dans le sud de Philadelphie, regardant les performances de Fats Domino et des Coasters à l'émission télévisée American Bandstand. Il avait l'air d'un dur à cuire, mais tous ceux qui le connaissaient disaient qu'il avait un grand cœur chaleureux et joyeux.

Jim Croce a passé la première décennie de sa vie d'adulte à travailler dans une série de petits boulots : enseignant pour enfants en difficulté émotionnelle, employé d'hôpital, chauffeur de camion, opérateur de marteau-piqueur sur des chantiers de construction. Le soir, il chantait et jouait de la guitare dans des cafés. Il n'attendait pas sa grande chance-il la cherchait activement. À vingt-neuf ans, Jim Croce a finalement décroché son premier contrat d'enregistrement. Son premier album, « You Don't Mess Around with Jim », a été réalisé rapidement, de nombreuses chansons étant enregistrées en une ou deux prises seulement.

Une fois l'album sorti, la musique de Croce, un mélange acoustique de folk et de rock, a rapidement conquis le public. Les deux premiers singles tirés de cet album sont rapidement devenus des tubes numéro un sur les radios AM, et Jim Croce est devenu une star. Son rêve longtemps retardé s'était enfin réalisé. Ses deux premiers succès étaient des ballades rock enjouées. Sa maison de disques a décidé de sortir une troisième chanson de l'album-une douce chanson plaintive intitulée « Time in a Bottle ».

Elle parlait de la préciosité de chaque instant de la vie et de la rapidité avec laquelle ces moments passent, pour ne plus jamais revenir. La chanson évoquait avec nostalgie les choses que Croce ferait s'il pouvait garder le temps en bouteille et verser quelques heures supplémentaires chaque fois qu'il en aurait besoin. Avant que « Time in a Bottle » ne puisse être sortie, Jim Croce a prouvé que les paroles de cette chanson étaient plus vraies qu'il ne le pensait.

Le 20 septembre 1973, après avoir donné un concert à l'Université d'État du Nord-Ouest à Natchitoches, en Louisiane, Croce est monté à bord d'un petit avion affrété avec l'équipage et les membres de son groupe. L'avion lourdement chargé a heurté un arbre au décollage. Comme la carrière de Croce, l'avion avait à peine décollé avant de s'écraser. Jim Croce est mort à l'âge de trente ans.

Nous ne pouvons pas conserver le temps dans une bouteille, et nous ne savons jamais combien de temps il nous reste. Nous avons tendance à penser au reste de notre vie en termes d'années et de décennies. La vérité est que le reste de notre vie pourrait se mesurer en heures ou même en minutes. Nous devons donc tirer le meilleur parti de chaque instant dont nous disposons.

N'attendez pas pour commencer votre vie. Acceptez le fait qu'elle a déjà commencé et qu'elle avance au rythme de soixante secondes par minute, soixante minutes par heure. Vous ne pouvez pas ralentir ces minutes. Vous ne pouvez que les utiliser judicieusement, en les consacrant aux choses qui vous tiennent le plus à cœur. Le grand évangéliste Dr Billy Graham a dit un jour : « Vous possédez une ressource non renouvelable, qui se dirige vers un épuisement total, et cette ressource est le temps. Vous pouvez soit investir votre vie, soit la laisser s'écouler entre vos doigts comme du sable dans un sablier. S'il y a un moment pour racheter chaque seconde, chaque minute, c'est maintenant. Vous n'aurez peut-être pas de lendemain. Vous ne pouvez pas compter vos jours, mais avec le Seigneur comme votre Sauveur, vous pouvez faire en sorte que vos jours comptent ».

Merci à Jay Strick pour avoir partagé ses réflexions sur le temps et au Dr Billy Graham pour ses paroles de sagesse.

Plan d'action spirituel

Phillip Yancy, dans son livre « Atteindre le Dieu invisible », raconte une expérience vécue lors d'une retraite spirituelle. Le directeur de la retraite a confié à M. Yancy que jamais un participant n'avait manqué d'entendre Dieu parler au cours des quatre jours.

Le premier jour, M. Yancy s'attendait à une journée d'agitation, d'ennui et de résistance avant d'entendre quoi que ce soit ressemblant à la voix de Dieu.

« À ma surprise, écrit M. Yancy, Dieu a commencé à parler immédiatement ». Il s'est alors mis à écrire dans un journal ce que Dieu pourrait lui dire s'Il lui dictait un plan d'action spirituel pour le reste de sa vie. En voici un extrait :

Remettez en question vos doutes autant que votre foi. Je rumine mes doutes et expérimente la foi par éclairs occasionnels. N'est-il pas temps pour moi d'inverser ce schéma ?

Laissez le bien (la beauté naturelle, votre santé, les paroles encourageantes) vous pénétrer aussi profondément que le mal. Pourquoi faut-il environ dix-sept lettres encourageantes de lecteurs pour surmonter l'impact d'une seule lettre caustique et critique ? Si je me réveillais chaque matin et m'endormais, chaque soir, baigné dans un sentiment de gratitude plutôt que de doute, les heures entre les deux prendraient sans doute une autre tournure. Pour votre propre bien, simplifiez, éliminez tout ce qui vous distrait de Dieu. Cela signifie ne pas accorder plus de temps aux courriers indésirables, aux catalogues et aux avis de clubs de lecture que ce qu'il faut pour les jeter à la poubelle. Le téléviseur devrait y atterrir également.

Rappelez-vous que ces chrétiens qui vous agacent tant ; Dieu les a choisis aussi. Je trouve qu'il est beaucoup plus facile de montrer de la grâce et de l'acceptation envers les chrétiens coincés et moralisateurs.

Pardonnez quotidiennement à ceux qui ont causé les blessures qui vous empêchent d'être entier. Je constate que nos blessures sont précisément ce que Dieu utilise à Son service. En nourrissant du ressentiment envers ceux qui les ont causées, je freine l'acte de rédemption qui peut donner aux blessures de la valeur et finalement les guérir.

Yancy poursuit : « Ces idées ne venaient pas de l'espace ; elles étaient en moi depuis toujours, une forme de conscience de soi spirituelle. Mais voici le point important : jusqu'à ce que je prenne le temps de m'extraire de la routine quotidienne et de m'engager dans de longues périodes de silence, je n'entendais pas cette voix intérieure. Bien que Dieu ait pu parler tout ce temps, jusqu'à ce que j'ouvre mes oreilles, cela ne faisait guère de différence dans ma vie ».

Dieu veut communiquer en raison de Son amour pour vous et de Son désir de vous donner de l'espoir et un avenir.

« Car je connais les projets que j'ai formés sur vous, dit l'Éternel, projets de paix et non de malheur, afin de vous donner un avenir et de l'espérance » (Jérémie 29:11).

L'attitude gagnante

Sam Levinson, dans son livre intitulé « Tout mais pas d'argent », raconte que sa famille avait tout en abondance (des disputes, des voisins, des cafards, des parents) tout, sauf de l'argent. Les Levinson étaient une famille pauvre ; mais Maman Levinson, une femme avisée, n'a jamais dit aux enfants qu'ils étaient presque dans le dénuement. Elle a pris une boîte à chaussures, y a fait une fente sur le dessus pour y glisser de l'argent, et l'a marquée « Pour les pauvres ».

Tous les centimes supplémentaires allaient dans la boîte pour ceux qui avaient le malheur d'être pauvres, quels qu'ils soient et où qu'ils se trouvent.

Maman Levinson avait appris quelque part une leçon importante sur la foi. Une grande partie de la vie est déterminée par la personne que vous pensez être. Si vous vous pensez pauvre, vous êtes pauvre. Plus que tout autre chose, la pauvreté est un état d'esprit. Beaucoup de nos problèmes sont simplement des problèmes de perspective.

« Je comprends la pauvreté », dit Levinson. « À ma naissance, je n'avais pas un sou en poche. J'étais si pauvre que je ne pouvais même pas prêter attention. Néanmoins, j'en suis venu à la conclusion que Maman Levinson avait raison. La pauvreté, comme beaucoup d'autres maux humains, est davantage une question d'attitude que tout autre chose ».

Écoutez ces mots tirés de 2 Corinthiens 6:4 : « Mais nous nous rendons à tous égards recommandables, comme serviteurs de Dieu ». Les versets 8-10 ajoutent : « Par la gloire et par l'ignominie, par la mauvaise et par la bonne réputation ; comme imposteurs, quoique véridiques ; comme inconnus, quoique bien connus ; comme mourants, et voici nous vivons ; comme châtiés, quoique non mis à mort ; comme attristés, et nous sommes toujours joyeux ; comme pauvres, et nous en enrichissons plusieurs ; comme n'ayant rien, et nous possédons toutes choses ». L'apôtre ne voulait pas laisser ce qui était extérieur lui voler les gloires de ce qui était intérieur ! L'attitude nous fait souvent réussir ou échouer.

J'aime cette histoire intitulée « La Fenêtre » de G.W. Target.

Deux hommes étaient alités dans la même chambre d'hôpital. Tous deux étaient gravement malades, et bien qu'on ne leur permette pas beaucoup de distractions (télévision, radio ou livres) leur amitié s'est développée au fil de mois de conversation. Ils ont discuté de tous les sujets possibles qui les intéressaient ou sur lesquels ils avaient de l'expérience, de la famille aux emplois en passant par les vacances, ainsi que de leur propre histoire personnelle.

Aucun des deux hommes ne quittait son lit, mais l'un avait la chance d'être à côté de la fenêtre. Dans le cadre de son traitement, il pouvait s'asseoir dans son lit just pour son compagnon de chambre.

En termes très descriptifs, il faisait entrer le monde extérieur dans cette chambre triste pour son ami, lui décrivant le beau parc qu'il ne pouvait pas voir, avec son lac et les nombreuses personnes intéressantes qu'il voyait y passer du temps. Son ami a commencé à vivre pour ces descriptions. Après un rapport particulièrement fascinant, cet homme a commencé à penser qu'il n'était pas juste que son ami puisse tout voir alors que lui ne voyait rien. Il avait honte de ses pensées, mais il avait beaucoup de temps pour réfléchir, et il n'arrivait pas à se sortir cela de l'esprit.

Finalement, ses pensées ont commencé à affecter sa santé, et il est devenu encore plus malade, avec une humeur assortie. Un soir, son ami, qui avait des difficultés de congestion et de respiration, s'est réveillé avec une quinte de toux et d'étouffement et n'a pas pu appuyer sur le bouton pour appeler une infirmière à son aide. L'homme frustré et aigri est resté allongé là, regardant le plafond, écoutant cette lutte pour la vie à côté de lui sans rien faire. Le lendemain matin, l'infirmière de jour est entrée pour trouver l'homme près de la fenêtre, mort.

Après un intervalle approprié, l'homme qui était si impatient de voir par cette fenêtre a demandé s'il pouvait être déplacé, et cela a été fait rapidement. Dès que la chambre a été vide, l'homme s'est péniblement redressé sur son coude pour regarder par la fenêtre et remplir son esprit des vues du monde extérieur.

C'est alors qu'il a découvert que la fenêtre ne donnait sur rien d'autre qu'un vilain mur de briques.

Quelqu'un a dit que nous ne pouvons pas choisir combien d'années nous vivrons, mais nous pouvons choisir combien de vie ces années auront. Nous ne pouvons pas contrôler la beauté de notre visage, mais nous pouvons contrôler l'expression qui y apparaît. Nous ne pouvons pas contrôler l'atmosphère négative du monde, mais nous pouvons contrôler l'atmosphère de nos esprits.

L'homme près de la fenêtre avait fait le choix de voir la beauté, la vie et l'espoir tandis que l'autre homme ne pouvait que devenir méchant, aigri et pathétique ! Quelle était la différence ? L'attitude !

(Nouvelle tirée du livre « L'Attrait du Père » de Phillip McClendon).

Un amour au-delà de la compréhension

Jean 19:26-27 «[26]Jésus vit sa mère et, près d'elle, le disciple qu'il aimait. Il dit à sa mère : "Femme, voici ton fils." [27]Puis il dit au disciple : "Voici ta mère". Dès ce moment-là, le disciple la prit chez lui ».

Lorsque Dieu s'est incarné, Il est venu incarné dans le ventre d'une mère. Et la première béatitude du Nouveau Testament lui est adressée : « Tu es bénie entre toutes les femmes, et le fruit de tes entrailles est béni ». Et comme vous l'avez entendu, elle était présente lors du premier miracle de notre Seigneur. Et comme vous l'avez entendu, elle était là à ce dernier moment où Il fut vu par le monde, debout près de la croix, et la prophétie de Siméon s'accomplissait : « Et toi-même, un glaive te transpercera l'âme ».

J'aurais pensé qu'elle serait restée en Galilée — elle est galiléenne ; elle a l'accent de la Galilée. Elle était descendue à Jérusalem. Et quand je la regarde, clairement une paysanne pauvre — ses vêtements l'annoncent. Avec moi, regardez-la debout là près de la croix. Pour nous, nous dirions : « Une provinciale illettrée, sans instruction, une Galiléenne ». Et elle est âgée. Elle a près de soixante ans. Et selon la vie que vous voyez, les rides de l'âge marquent son visage.

Vous savez, l'une des choses les plus étranges dans l'art et la littérature chrétiens est la doctrine de la virginité perpétuelle et de la jeunesse éternelle de la Vierge Marie. Si vous êtes allés à Saint-Pierre du Vatican, quand vous entrez par la porte principale, à votre droite se trouve cette incomparable création de marbre de Michel-Ange, avec Marie tenant sur ses genoux le Seigneur Jésus crucifié.

Elle est une jeune fille. Elle semble avoir dix-sept ans. Son fils en a trente-trois. C'est si étrange pour moi. Pourquoi les gens pensent-ils que la jeunesse est une période glorieuse de la vie, mais que la vieillesse doit être évitée et désespérée ?

Vous souvenez-vous du poème de Robert Browning « Rabbi Ben Ezra » ?

> Viens, vieillis avec moi !
> Le meilleur est à venir.
> La dernière partie de la vie, pour laquelle la première
> a été faite.
> Nos temps sont dans Sa main
> Qui dit : « J'ai planifié un tout ;

La jeunesse n'en montre que la moitié. Fais confiance
à Dieu : vois tout et n'aie pas peur ! »

Ainsi, Marie debout là est âgée ; et les expériences de sa vie ont été variées et douces, suivant le Dieu incarné, le Seigneur Jésus. Dans le chapitre 1 de Luc, elle éclate en un chant, le « Magnificat ». Et dans le premier chapitre des Actes, elle est là, priant avec les disciples à la Pentecôte. Et tout au long de sa vie, le livre de Dieu dit qu'elle « gardait toutes ces choses dans son cœur ». Donc, Marie se tient à la croix. Pour les Romains, ces trois malfaiteurs ont été mis à mort. Ils ont été exécutés. C'était la manière romaine, alors universelle, de chercher à dissuader le travail et l'activité d'un criminel. Et il y en a trois, trois malfaiteurs pour les Romains : un de chaque côté et un au milieu. Mais pour Marie debout là à la croix, c'était son fils bien-aimé.

Et pour le Seigneur Jésus regardant en bas depuis Son trône crucifié, Il dit à Jean : « Jean, voilà ta mère », et à Sa chère mère : « Femme, voilà ton fils ». Quelle chose étonnante ! Au milieu de Sa mort pour les péchés du monde, il a dit : « Jean, prends soin de ma mère. Et, Mère, tu vas vivre avec ton fils Jean, car les enfants d'elle n'ont pas cru en Lui » (Jean 19:26-27).

La société demande : « Quelles sont sa lignée et son ascendance ? » Les affaires demandent : « Quels sont ses accomplissements et sa valeur ? » Et la loi demande : « Quels sont ses antécédents et sa vertu ? » Et la politique demande : « Quelles sont son influence et sa force électorale ? » Et l'école demande : « Quels sont ses diplômes et son éducation ? » Mais la mère demande : « Que puis-je faire pour aider, me souvenir et aimer ? »

Ainsi, l'ange fut envoyé pour rapporter du ciel sur terre les choses les plus douces et les plus belles qu'il puisse trouver. Et quand l'ange revint, il avait rapporté un nuage duveteux, une belle fleur, le sourire d'un bébé et l'amour d'une mère.

FÉVRIER

Chérissez votre mariage

John Ortberg dit : « Le problème pour beaucoup de couples est qu'ils ont simplement une conception erronée de ce qu'est réellement le mariage ». Voyez-vous, la plupart des gens considèrent le mariage comme l'achat d'une nouvelle voiture.

Vous savez, quand vous achetez une nouvelle voiture, elle a cet aspect neuf. Elle est belle. Elle est agréable. Elle sent bon. J'adore cette odeur de voiture neuve, mais finalement la nouveauté s'estompe, et la peinture n'a plus ce lustre brillant comme avant, et le moteur peut avoir quelques ratés.

Il y a quelques bosses sur la portière, et elle a définitivement perdu cette odeur de voiture neuve. Elle a cette odeur de vieux nuggets de poulet, et ce n'est plus tout à fait pareil.

Dans cette conception du mariage, le mariage est formidable au début, mais il perd de sa valeur avec le temps. Et au bout d'un moment, le couple marié se dit : « Mon Dieu, ce n'est plus vraiment comme avant. Nous devons changer ça. Nous devons retrouver cette odeur de voiture neuve dans notre mariage ».

Je ne sais pas si vous avez déjà essayé d'aller au lave-auto pour retrouver cette odeur de voiture neuve. Je l'ai fait. Je demande une nouvelle voiture à chaque fois. Après environ une heure de route, l'odeur de vieux nuggets de poulet revient, et ça ne marche tout simplement pas. Alors certaines personnes disent : « Eh bien, je vais simplement l'échanger contre un nouveau modèle. Je vais simplement l'échanger contre un nouveau mariage ».

Mais c'est une conception erronée de ce qu'est réellement le mariage. Une conception plus saine, plus biblique, est que le mariage est comme avoir une boîte de morceaux brisés et de pièces cassées. Parce que le mariage, c'est quand deux personnes imparfaites se réunissent pour tout partager. Au début, ça ne semble pas être le cas parce que l'amour romantique cache une multitude de choses. Pendant un moment, tout est rose.

Mais le jour vient où vous vous réveillez et dites : « Waouh, il n'est pas comme je le pensais », ou « Elle n'est pas comme je le pensais ».

Le mariage, c'est avoir cette boîte de morceaux brisés, de pièces cassées ; nous appelons cela l'incompatibilité. Ce que c'est réellement, ce sont les morceaux brisés que nous apportons au mariage pour construire quelque chose de beau ; pour construire quelque chose d'incroyable ensemble. Maintenant, nous avons besoin du pouvoir de Dieu pour le faire. Nous ne pourrions jamais le faire seuls. Il veut prendre votre vie et celle de votre conjoint et construire quelque chose de plus beau que vous ne pourriez jamais l'être par vous-mêmes.

Vous savez, quand vous achetez une nouvelle voiture, vous la sortez du concessionnaire, et vous avez déjà perdu quelques milliers de dollars. Elle s'est déjà dépréciée. Mais quand vous construisez quelque chose de beau à partir de votre mariage en laissant Dieu s'impliquer, cela ne perdra jamais de sa valeur. Sa valeur ne fera qu'augmenter avec le temps.

Comment éviter que l'argent nous sépare ?

L'économie est dans tous les esprits. Avec la forte hausse des prix du carburant, nous savons que des décisions importantes doivent être prises pour faire preuve de sagesse dans les décisions financières. La Parole de Dieu a beaucoup à dire sur la gestion de l'argent. Deborah McNaughton explique ci-dessous comment les couples peuvent être financièrement sécurisés.

Vous ne voulez pas laisser les questions d'argent vous séparer. Au contraire, vous voulez apprendre à travailler ensemble. Vous aurez besoin de cet esprit d'équipe tout au long de votre vie conjugale.

Un moyen de construire solidement votre avenir est de parler de ce que vous voulez. Quels sont vos objectifs financiers ?

Chacun de vous devrait faire une liste des choses que vous voulez : une maison, des vacances, pas de dettes, des budgets, etc.

Discutez du type de retraite que vous souhaitez avoir. Ne négligez pas des questions telles que l'emploi : définir la carrière idéale, éventuellement créer sa propre entreprise, atteindre un certain niveau de réalisations ou être une mère au foyer. Beaucoup de ces rêves ou objectifs nécessiteront une planification financière pour se réaliser.

Demandez l'avis de l'autre sur la façon de gérer les finances. Quelles limites budgétaires voulez-vous établir ?

Aurez-vous un compte bancaire commun ou séparé ? Certains couples ont les deux, réservant le compte commun pour les dépenses du ménage et l'autre pour les dépenses personnelles.

Quelles normes avez-vous concernant le coût d'un article ? Par exemple, quelle est une dépense raisonnable pour les vêtements, les repas au restaurant, les divertissements, les vacances, les cadeaux, etc. ? Vous n'avez pas besoin de chiffres exacts ; une bonne estimation suffira.

Qui paiera les factures ? Les suivrez-vous conjointement pour que la responsabilité soit partagée ? Prévoyez-vous de consacrer du temps chaque mois pour examiner l'avancement de vos plans financiers ? Comment organiserez-vous vos documents financiers, et où seront conservés les papiers importants ? Et combien un conjoint peut-il dépenser sans consulter l'autre ? De nombreux détails apparemment mineurs peuvent s'avérer cruciaux une fois vos affaires financières fusionnées.

Au début, parler de toutes ces questions d'argent peut être gênant, mais il est préférable d'en discuter plutôt que de les éviter jusqu'à ce qu'une crise survienne. Il deviendra également plus facile et plus confortable de révéler vos préoccupations financières car vous aurez créé un espace sûr et rationnel pour en parler. Ces discussions ont aussi un aspect positif. Décider comment unir vos forces financières peut aboutir à une gestion intelligente de l'argent, bénéfique aux deux à long terme.

Le mariage

Quel privilège d'être marié. Quelle entreprise formidable. Un voyage avec des rebondissements passionnants. Parfois un chemin cahoteux et d'autres fois, une belle traversée tranquille.

Avec l'agenda chargé de la vie, nos mariages ne reçoivent souvent pas l'attention dont ils ont besoin. La personne que nous aimons le plus est mise de côté pour que d'autres détails tels que les enfants ou le travail puissent être pris en charge. Lorsque vous vous glissez dans votre lit à la fin de la journée, vous avez à peine le temps de vous dire bonjour et bonne nuit avant de vous endormir, pour vous réveiller et faire face à une autre journée remplie de choses à faire. Prenez le temps et l'énergie de vous concentrer sur celui ou celle que vous aimez. Accordez de l'attention à celui ou celle qui peut vous faire tourner la tête et vous donner des papillons dans le ventre.

Comme Dieu tient chèrement à la sainteté du mariage. Il a commencé la Création par le mariage, et Jésus a débuté son ministère lors d'un mariage en changeant l'eau en vin. Si le vin du bonheur ou le vin de la romance s'épuise, faites tout ce qu'il faut pour vous remplir de la Parole de Dieu. Nous devons aimer nos conjoints de manière sacrificielle et inconditionnelle. Cela ne peut se faire qu'avec l'aide de l'Auteur de l'amour. C'est en Lui que nous découvrons ce qu'est le véritable amour. C'est Son pouvoir en nous qui crée un cœur de serviteur, de la compassion et une attitude désintéressée.

Que voyez-vous maintenant ?

Les scientifiques du comportement ont découvert que nous voyons généralement les choses que nous sommes préparés à voir et que tout cela est centré dans un réseau de cellules nerveuses appelé le système d'activation réticulaire.

Le système d'activation réticulaire fonctionne ainsi : une fois que quelque chose a été porté à notre attention, nous avons été préparés à le voir, et nous le verrons alors pratiquement partout où nous irons. Par exemple, si vous décidez d'acheter une nouvelle voiture et que vous vous décidez à acheter une certaine marque, un certain style de carrosserie et une certaine couleur, tout à coup, vous verrez ces voitures partout. Vous les verrez sur les routes, dans les publicités télévisées, les journaux et les magazines. Elles sont partout.

Que s'est-il passé ? Elles avaient toujours été là ; mais dès que vous avez été préparé à les voir, votre système d'activation réticulaire s'est mis en marche, et soudain vous les avez vues partout. Cela se produit aussi dans d'autres domaines de la vie. Nous voyons ce que nous sommes préparés à voir. Si nous sommes préparés à voir la morosité et le pessimisme en 2009, c'est ce que nous verrons. Si, en revanche, nous nous sommes préparés à voir des opportunités, c'est ce que nous allons voir. Les psychologues nous disent que si nous nous voyons comme des personnes qui réussissent, il y a de fortes chances que ce soit ce que nous deviendrons.

Comment vous voyez-vous ?

Vous voyez-vous comme une personne enthousiaste et optimiste qui peut à peine attendre le début de la prochaine journée tant il y a d'opportunités devant nous ? Permettez-moi de vous mettre au défi, à partir des Écritures, de vous voir comme Dieu vous voit. Dans Philippiens 2:13, Dieu dit quelque chose qui devrait influencer la façon dont nous nous voyons : « Car c'est Dieu qui produit en vous le vouloir et le faire, selon son bon plaisir ». Paul dit que nous faisons partie d'un potentiel et d'opportunités illimités.

Comment voyez-vous le monde ?

La Bible nous enseigne que Dieu a tant aimé le monde qu'il a donné son Fils unique, afin que le monde, lorsqu'il croit en Lui, ait la vie éternelle. Dieu voit le monde comme rachetable, et Il nous voit chacun comme des canaux par lesquels Son message rédempteur peut voyager.

Comment voyez-vous l'église ?

Notre texte est un passage passionnant d'Aggée. Dieu ordonne au prophète de parler au gouverneur Zorobabel, au grand prêtre et à tout le peuple. Voici la situation : ils avaient été libérés de leur captivité babylonienne et étaient revenus pour reconstruire Jérusalem et le temple de Dieu. Dieu dit : « Parle-leur et pose-leur d'abord cette question : "Combien d'entre vous se souviennent de ce qu'était le Temple avant sa destruction ?" »

Plusieurs mains ont dû se lever. Il y en avait qui pouvaient se souvenir de l'époque où le temple se dressait dans toute sa gloire, quand les gens venaient et adoraient, quand les sacrifices étaient offerts et quand les prières montaient vers Dieu. C'étaient des moments passionnants de culte et de communion lorsque les gens se réunissaient dans la maison de Dieu.

Puis Dieu demande : « Comment le voyez-vous maintenant ? » Et ce qu'ils voyaient n'était qu'un tas de décombres car le temple était en ruines. Mais trois fois,

> Dieu dit : « Soyez forts ».
> « Sois fort » à Zorobabel.
> « Sois fort » au grand prêtre.
> « Soyez forts » à tout le peuple.

Il dit : « Voici la raison pour laquelle vous pouvez être forts. Je suis avec vous. J'ai fait une alliance avec vous. Mon esprit demeure parmi vous. Ne craignez pas, car je vais ébranler les cieux et la terre. Je vais ébranler la mer et la terre ferme. Je vais ébranler toutes les nations ».

Puis Il dit : « Le désiré de toutes les nations viendra, et je remplirai cette maison de gloire ». L'année 2009 se déroule devant nous. La façon dont nous la voyons avec l'aide de Dieu est la façon dont elle sera. Dieu est vivant. Dieu est sur son trône. Rien n'est impossible avec Lui. Il veut faire de grandes choses à travers Son église. Ce que vous voyez est ce que vous obtenez.

Vous avez du courrier !

Lorsque Robert Browning est entré dans sa vie, Elizabeth Barrett était une invalide de trente-neuf ans, fille d'un père jaloux et dominateur. Ses quatre premiers recueils de poésie ont été publiés alors qu'elle n'avait que douze ans. À quinze ans, elle s'est blessée à la colonne vertébrale, et le confinement qui en a résulté à Londres a affecté ses poumons, si bien qu'elle a été considérée comme une invalide permanente, condamnée à passer sa vie au lit. Mais elle a continué à écrire.

Au fil du temps, le chagrin causé par la noyade d'un frère et le refus de son père de permettre à l'un de ses enfants de se marier ont fait d'elle une recluse. Approchant la quarantaine, elle semblait destinée à une vie d'impuissance et de morosité.

Mais la publication d'un de ses livres a donné lieu à une correspondance avec un autre poète, un homme du nom de Robert Browning. Il lui a rendu visite, puis ils se sont souvent écrit, s'efforçant de reprendre une vie normale. Mais cela s'est heurté à une forte résistance de ses parents, qui en voulaient à Robert d'avoir même suggéré cela. Ils ont refusé de le laisser lui rendre visite à nouveau, mais la correspondance a continué, et bientôt ils sont tombés amoureux.

Finalement, plus d'un an plus tard, elle a échappé à la vigilance possessive de son père ; et ils se sont mariés en secret. Ils ont immédiatement déménagé en Italie, et dans ce climat ensoleillé, il n'a pas fallu longtemps avant qu'elle ne redevienne forte et active. Ses parents l'ont reniée, mais elle leur écrivait presque chaque semaine, leur disant qu'elle les aimait et qu'elle aspirait à une réconciliation. Après dix ans d'écriture, elle a reçu une énorme boîte par la poste qui contenait toutes les lettres qu'elle avait jamais envoyées. Aucune d'entre elles n'avait été ouverte !

Bien que ces « lettres d'amour » soient maintenant devenues une partie précieuse de la littérature anglaise, il est triste de savoir qu'elles n'ont jamais été lues par ses parents.

S'ils en avaient regardé ne serait-ce qu'une seule, la relation brisée avec leur fille aurait pu être guérie.

Mais non, ils ne voulaient pas, et ils ne l'ont pas fait. Nous entendons une histoire comme celle-là et nous pensons : « Oh, quelle histoire pitoyable. Quelle chose pitoyable pour ses parents d'être comme ça ». Vous avez raison. Mais laissez-moi vous demander : « Est-il possible qu'en ce qui concerne Dieu, certains d'entre nous agissent exactement de la même manière que ses parents ? »

Combien de fois Dieu nous a-t-Il fait connaître Son amour ?

Combien de fois l'a-t-Il exprimé ?

Quel grand don Il nous a fait pour que nous sachions qu'Il nous aime ! Et nous n'ouvrons jamais Ses lettres. Nous ne parlons jamais de Son amour. Nous ne répondons jamais à Son invitation. Nous L'ignorons simplement.

Dans un livre, nous avons de nombreuses lettres d'amour de Dieu reliées en un seul volume. En les lisant, nous entendons Sa voix et imaginons voir Son visage. L'amour gonfle nos cœurs comme nous en avons toujours rêvé. Mais pour l'instant, nous nous contentons de lire les lettres.

Chaque jour que nous vivons maintenant, nous nous contentons de lire les lettres.

Chaque jour, nous en sortons une nouvelle et lisons Son grand amour pour nous.

Comment améliorer votre mariage

Voici cinq techniques simples gagnant-gagnant pour résoudre les conflits. Permettez-moi de partager une réponse avant de proposer les cinq compétences de résolution de conflits. Les conflits sont souvent facilement résolus si les attitudes de base des partenaires l'un envers l'autre sont saines, positives et aimantes. Le conflit devient dangereux et difficile lorsqu'une ou les deux personnes se sentent négligées, incomprises et minimisées. Lorsque vous sentez que la personne que vous aimez est désireuse de résoudre une différence d'une manière qui vous laissera tous les deux satisfaits, vous devenez coopératif. Mais vous deviendrez probablement combatif si vous sentez qu'il ou elle veut gagner et se soucie à peine de ce que vous voulez.

1. Il doit y avoir un accord de base selon lequel les deux personnes ont un droit légitime de ressentir et de penser comme elles le font. Personne n'a tort simplement parce qu'il ou elle n'est pas d'accord avec l'autre personne ou fait les choses différemment.

   Il y a quelque chose de merveilleux à entendre votre partenaire dire : « Je ne suis pas d'accord avec toi, mais tu as le droit légitime de penser et de ressentir comme tu le fais ». Cela réduit considérablement la menace de se sentir dans l'erreur simplement parce que vous êtes différent.

   C'est un sentiment troublant qui peut entraîner de la défensive et de la combativité.

2. Les deux personnes doivent être pleinement entendues par leur partenaire, et elles doivent savoir qu'elles ont été comprises avec précision. Il est plus important pour moi d'être

entendu et compris que de gagner un point. Si je sais que l'autre personne comprend mes pensées et mes sentiments, je me sens presque automatiquement soulagé, même si nos différences persistent.

3. Vos points de désaccord doivent être spécifiés soigneusement, puis convenus. Il peut être difficile de définir les problèmes, donc parfois il est préférable de le faire par écrit. La plupart des conflits surviennent à propos de désaccords mineurs. Imaginez un instant que vous et votre partenaire vous disputez sur ce que vous allez faire ce soir. Il veut aller à un match de basket professionnel, mais vous voulez louer un film.

Au fur et à mesure que la dispute s'intensifie, de nouvelles dimensions émergent. Vous dites que les billets pour le match seront trop chers, et qu'il n'y aura peut-être plus de billets disponibles au moment où vous arriverez. Il dit que vous et lui pouvez regarder le film n›importe quand.

C'est là qu'intervient la compétence de résolution de conflit numéro trois. Ensemble, spécifiez vos différences :

a. Match de basket contre film
b. Rester à la maison contre sortir
c. Dépenser beaucoup d'argent contre être économe

Vous avez écarté les autres points qui embrouillent les choses et identifié les problèmes de fond.

Vous êtes alors prêts pour la compétence suivante.

4. Une attitude de donnant-donnant facilite grandement la résolution. Vous devez vous dire quelque chose comme : « Voyons. Où puis-je céder, et où peux-tu céder, pour que nous puissions aller l'un vers l'autre ? »

Quand un couple dit cela, ils sont au seuil d'un véritable compromis et d'un désir évident que les deux personnes soient gagnantes. Il y a une volonté de changer afin d'obtenir un résultat final mutuellement satisfaisant. C'est merveilleux d'être en couple avec quelqu'un qui veut que vous soyez gagnant sans être perdant lui-même.

5. Lorsque vous résolvez un conflit avec votre partenaire, félicitez-vous mutuellement. Louez la personne que vous aimez pour les qualités qui ont permis à vous deux de satisfaire vos besoins et de vous sentir importants dans le processus.

MARS

Vous cherchez la vérité ? Essayez Jésus

Walter Truett Anderson donne l'exemple de trois arbitres de baseball. L'un dit avec certitude : « Trois balles et trois prises, et je les appelle comme elles sont ». Le deuxième arbitre, avec un peu moins d'assurance, dit : « Trois balles et trois prises, et je les appelle comme je les vois ». Le troisième arbitre, un postmoderniste convaincu, dit : « Trois balles et trois prises, et elles ne sont rien tant que je ne les ai pas appelées ».

Ainsi, la réalité se résume à ce que je perçois qu'elle est, et rien de plus. Bien que peu de gens le formuleraient exactement en ces termes, c'est la vision du monde qui prévaut dans le monde occidental : vous pouvez croire ce que vous voulez parce que toutes les idées sont à peu près égales. Il n'y a pas de vérité faisant autorité à laquelle nous adhérons tous ; chaque personne devient sa propre autorité, déterminant ses propres croyances, sa propre vérité.

Le groupe de recherche Barna, à travers ses enquêtes, nous montre le résultat d'une telle vision du monde : les trois quarts de tous les adultes croient qu'il n'existe pas de vérité absolue ; deux personnes pourraient définir la vérité de manière totalement contradictoire, mais les deux pourraient avoir raison. Moins de la moitié des adultes convertis (44 %) et moins de 10 % des adolescents convertis (9 %) croient en l'existence d'une vérité morale absolue.

Parce que notre culture a rejeté le concept de vérité absolue, toutes les affirmations morales ont été réduites au niveau de l'opinion personnelle. Un million d'enfants par an voient leurs parents divorcer. Malgré les affirmations des sociologues, des théologiens du nouvel âge et des médias, il y a un autre mot qui s'oppose à l'esprit de cette époque.

Dans le quatorzième chapitre de l'Évangile de Jean, Jésus a fait une déclaration des plus étonnantes lorsqu'il a dit : « Je suis le chemin, la vérité et la vie ; nul ne vient au Père que par moi ». Si Jésus est lui-même la vérité, alors cela change tout. Cela signifie :

Il est la vérité pour votre esprit

La façon dont nous pensons détermine la façon dont nous vivons. Si nous nous considérons comme l'autorité ultime pour déterminer le bien et le mal, alors il est facile d'atteindre le stade où il n'y a plus de mal. Mais si nous reconnaissons qu'il y a un Dieu qui se tient au-dessus de nous, cela change notre façon de penser. Cela change la façon dont nous déterminons nos valeurs, nos priorités et nos engagements.

Il est la vérité pour votre vie

Non seulement le Christ fournit la vérité qui nous aide à comprendre la réalité, mais Il fournit aussi la vérité qui nous permet de vivre des vies pleines de sens, de but et d'épanouissement. Lorsque nous comprenons que Jésus est la seule vérité authentique pour nos vies, cela changera tout dans notre façon de vivre : comment nous faisons notre travail, comment nous traitons nos familles, comment nous dépensons notre argent et comment nous gérons notre temps.

Il est la vérité pour votre avenir

Nous savons qu'en Christ, nous avons l'espoir pour l'avenir. Comme l'a dit l'auteur-compositeur : « Parce qu'Il vit, je peux affronter demain. Parce qu'Il vit, toute peur a disparu ». Nous pouvons connaître une nouvelle vie, une nouvelle puissance et un nouveau but parce que nous connaissons Christ et la puissance de Sa résurrection. Il est notre avenir parce qu'Il est la vérité.

Sujet : Jay Leno sur le président Bush
(c'est surprenant)

C'était un e-mail qui m'a été envoyé. J'apprécie la réflexion contenue dans ce message. Comme la plupart d'entre vous le savent, je ne suis pas un fan du président Bush et ne l'ai jamais été ; mais il ne s'agit pas de Bush. Il s'agit de nous en tant qu'Américains, et cela semble toucher juste.

L'autre jour, je lisais le magazine Newsweek et je suis tombé sur des données de sondage que j'ai trouvées plutôt difficiles à croire. Elles doivent être vraies, étant donné la source, n'est-ce pas ? Le sondage de Newsweek prétend que 67 % des Américains sont mécontents de la direction que prend le pays, et 69 % du pays sont mécontents des performances du président.

J'ai commencé à réfléchir : « De quoi sommes-nous si mécontents ? » Est-ce parce que nous avons de l'électricité et de l'eau courante vingt-quatre heures sur vingt-quatre, sept jours sur sept ? Notre mécontentement est-il le résultat d'avoir la climatisation en été et le chauffage en hiver ? Serait-ce parce que 95,4 % de ces personnes mécontentes ont un emploi ? Peut-être est-ce la possibilité d'entrer dans un supermarché à tout moment et de voir plus de nourriture en quelques instants que le Darfour n'en a vu au cours de l'année dernière ?

Je suppose qu'avoir des milliers de restaurants proposant des cuisines variées du monde entier n'est pas non plus suffisant. Ou peut-être est-ce parce que lorsque nous avons un accident de voiture, des secouristes arrivent et fournissent des services pour aider tout le monde et envoient même un hélicoptère pour vous emmener à l'hôpital. Peut-être faites-vous partie des 70 % d'Américains qui possèdent une maison. Vous êtes peut-être contrarié de savoir qu'en cas malheureux d'incendie, un groupe de pompiers entraînés apparaîtra en quelques instants pour éteindre les flammes, sauvant ainsi vous, votre famille et vos biens. Ou si, pendant que vous regardez l'une de vos nombreuses télévisions à écran plat chez vous, un cambrioleur ou un rôdeur s›introduit, un officier équipé d›une arme et d›un gilet pare-balles viendra vous défendre, vous et votre famille, contre toute attaque ou perte.

Tout cela dans le contexte d'un quartier sans bombes ni milices violant et pillant les habitants, un quartier où 90 % des adolescents possèdent un téléphone portable et un ordinateur. Et que dire des libertés religieuses, sociales et politiques dont nous jouissons et qui font l'envie du monde entier ? C'est peut-être ce qui rend 67 % des gens malheureux.

Le fait est que nous sommes le plus grand groupe d'enfants gâtés et ingrats que le monde ait jamais connu. Il n'est donc pas étonnant que le monde aime les États-Unis, mais qu'il méprise ses citoyens. Ils nous voient tels que nous sommes : Les gens les plus bénis du monde qui ne font rien d'autre que se plaindre de ce qu'ils n'ont pas et de ce qu'ils détestent dans ce pays, au lieu de remercier le bon Dieu d'y vivre. Je sais, je sais.

Qu'en est-il du président qui nous a entraînés dans une guerre et qui n'a aucun plan pour nous en sortir ? Le président dont la cote de popularité n'est que de 31 % ? Est-ce le même président qui a guidé la nation dans les jours sombres qui ont suivi le 11 septembre ? Le président qui a réduit les impôts pour sortir l'économie de la récession ? Alors pourquoi ce mécontentement total dans l'esprit de 69 % des Américains ? On peut dire ce que l'on veut, mais je mets cela sur le compte des médias. S'ils saignent, ils mènent, et ils se spécialisent dans les mauvaises nouvelles. Tout le monde est prêt à regarder un accident de voiture avec du sang et des tripes. Combien regarderont des enfants qui vendent de la limonade au coin de la rue ?

Éteignez la télévision, brûlez Newsweek et utilisez le New York Times pour le fond de votre cage à oiseaux. Ensuite, commencez à être reconnaissants pour tout ce que nous avons en tant que pays. Nous sommes l›un des peuples les plus bénis de la planète et nous devrions remercier Dieu plusieurs fois par jour, ou du moins nous devrions être reconnaissants et apprécier.

Comme l'a demandé Jay Leno, « avec les ouragans, les tornades, les incendies hors de contrôle, les coulées de boue, les inondations, les orages violents qui déchirent le pays d'un bout à l'autre et avec la menace de la grippe aviaire et des attaques terroristes, sommes-nous sûrs que c'est le bon moment pour retirer Dieu du serment d'allégeance ? »

« La pierre a été roulée ! »

Il faisait sombre lorsqu'elles se levèrent ce dimanche matin. Les deux femmes se levèrent et revêtirent leurs vêtements, prirent leurs aromates et se dirigèrent vers le chemin de terre qui menait hors de la ville. Alors qu'elles s'engageaient sur la route et que le soleil commençait à se lever, le chemin était bordé de nombreuses ombres sombres, mais aucune ombre ni obscurité ne pouvait se comparer aux ténèbres qui planaient sur leur âme. En montant le sentier vers le tombeau, les pensées et les images de la semaine passée déchiraient leur esprit comme de violentes tornades.

Ces deux femmes, ces deux Marie (Marie de Magdala et Marie, mère de Jacques) étaient présentes à la croix.

Elles virent Jésus suspendu à cette croix de bois rugueuse. Elles virent son corps lutter contre la douleur à chaque respiration. Elles étaient là quand Jésus s'écria : « Eloi, Eloi, lama sabachthani » (Mon Dieu, mon Dieu, pourquoi m'as-tu abandonné ?) Et elles virent sa tête tomber lorsqu'il dit : « Tout est accompli ».

Elles étaient là quand Jésus mourut, et quand il mourut, elles moururent aussi. Oh, elles étaient toujours vivantes physiquement, mais leurs espoirs et leur joie moururent sur cette croix avec Jésus en ce sombre vendredi il y a près de deux mille ans. Leur Seigneur était mort. Et leur espoir avait disparu.

Qu'est-ce qui les poussa à quitter leur lit avant l'aube et à entreprendre cette sombre ascension ? Ce qui les motivait, c'était leur amour et leur dévouement pour Jésus ; quelqu'un devait préparer le corps pour l'enterrement, et personne d'autre ne s'était porté volontaire.

Alors qu'elles approchaient du tombeau, soudain un problème — quelque chose auquel elles n'avaient pas pensé jusqu'à présent — leur vint à l'esprit, et elles se dirent l'une à l'autre : « Marie, qui va retirer la pierre ? Comment pourrons-nous entrer auprès de Jésus si la pierre n'est pas le seul obstacle ? »

Soudain, il y eut un violent tremblement de terre ; car un ange, un ange du Seigneur, descendit du ciel, alla au tombeau et roula la pierre. Pourquoi la pierre fut-elle roulée ? Et pour qui la pierre fut-elle roulée ? Elle fut roulée pour les femmes, afin qu'elles puissent voir que le tombeau était vide.

C'est ce que je veux partager avec vous, à propos du tombeau vide et de ce qu'il signifiait pour elles et ce qu'il signifie pour nous aujourd'hui.

D'une part, le tombeau vide signifie que Jésus est vivant ! Le tombeau vide signifie que Jésus est vivant ! Ce que Jésus a dit est vrai !

Le tombeau vide signifie aussi que nous pouvons avoir une nouvelle vie ! Peut-être que, comme les deux Marie, vous vous contentez de vivre machinalement.

Des ombres sombres marquaient votre chemin, avec peu de passion et encore moins d'espoir.

La pierre est roulée.

Le tombeau est vide. Regardez à l'intérieur, Jésus n'y est pas. Jésus est vivant ! Oui, Jésus est vivant ! Ce qu'il a dit est vrai. Nous pouvons avoir la vie éternelle, la joie, la paix qui surpasse toute intelligence, et une espérance vivante qui ne s'estompera ni ne faiblira jamais. Avez-vous besoin de quelque chose en quoi croire ? Alors regardez dans le tombeau et empruntez le chemin qui mène à Jésus.

Le tombeau vide signifie également que nous pouvons obtenir le pardon de nos péchés. Nous avons une seconde chance si nous en voulons une. En avez-vous besoin ? En voulez-vous une ? Alors, prosternez-vous humblement aux pieds du grand pardonneur. Le tombeau vide signifie qu'une nouvelle vie est possible, une vie qui est vraiment la vie. Une vie qui dépasse de loin la vacuité d'une existence sans Dieu. Cela s'adresse aux chrétiens comme aux non-chrétiens.

Ne laissez pas un autre Pâques passer sans regarder dans le tombeau, sans voir Jésus, sans contempler l'agneau, sans trouver le pardon et sans saisir la nouvelle vie à laquelle Jésus nous a appelés à vivre.

Le Christ a combattu et gagné la bataille pour vous donner l'espoir et la vie. Il est mort pour vous.

AVRIL

Il est mon Roi !

Le grand prédicateur S.M. Lockridge m'inspirait chaque fois qu'il me délivrait le message suivant :

La Bible dit que mon Roi est un Roi aux sept facettes. Il est le Roi des Juifs — c'est un Roi racial. Il est le Roi d'Israël — c'est un Roi national. Il est le Roi de la Justice. Il est le Roi des Âges. Il est le Roi du Ciel. Il est le Roi de Gloire. Il est le Roi des Rois, et Il est le Seigneur des Seigneurs.

C'est mon Roi. Je me demande, le connaissez-vous ? David a dit : « Les cieux racontent la gloire de Dieu, et l'étendue manifeste l'œuvre de ses mains ». Mon Roi est un Roi souverain. Aucune mesure ne peut définir son amour sans limites. Aucun télescope, si puissant soit-il, ne peut rendre visible le rivage de son approvisionnement sans fin. Aucune barrière ne peut l'empêcher de déverser ses bénédictions.

Il est d'une force inébranlable. Il est entièrement sincère. Il est impérialement puissant. Il est impartialement miséricordieux. le connaissez-vous ? Il est le plus grand phénomène qui ait jamais traversé l'horizon de ce monde. Il est le Fils de Dieu. Il est le Sauveur des pécheurs.

Il est la pièce maîtresse de la civilisation. Il se tient dans sa propre solitude.

Il est auguste. Il est unique. Il est sans pareil. Il est sans précédent.

Il est l'idée la plus élevée de la littérature. Il est la plus haute personnalité en philosophie. Il est le problème suprême de la critique supérieure. Il est la doctrine fondamentale de la vraie théologie. Il est la nécessité cardinale de la religion spirituelle. Il est le miracle de l'époque. Il est le superlatif de tout ce que vous choisissez de l'appeler. Il est le seul qualifié pour être un Sauveur pleinement suffisant.

Je me demande si vous le connaissez aujourd'hui ? Il donne de la force aux faibles. Il est disponible pour les tentés et les éprouvés. Il compatit et Il sauve. Il fortifie et Il soutient. Il protège et Il guide.

Il guérit les malades. Il purifie les lépreux. Il pardonne les pécheurs. Il libère les débiteurs. Il délivre les captifs. Il défend les faibles. Il bénit les jeunes. Il sert les malheureux. Il considère les personnes âgées. Il récompense les diligents et Il béatifie les humbles. Je me demande si vous le connaissez ?

Eh bien, mon Roi est le Roi. Il est la clé de la connaissance. Il est la source de la sagesse. Il est la porte de la délivrance. Il est le chemin de la paix.

Il est la voie de la justice. Il est l'autoroute de la sainteté.

Il est la porte d'entrée de la gloire.

le connaissez-vous ? Eh bien, sa fonction est multiple. Sa promesse est sûre. Sa lumière est incomparable. Sa bonté est illimitée. Sa miséricorde est éternelle. Son amour ne change jamais. Sa Parole suffit. Sa grâce est suffisante. Son règne est juste, son joug est facile et son fardeau est léger.

J'aimerais pouvoir vous le décrire, mais Il est indescriptible. Il est incompréhensible. Il est invincible. Il est irrésistible. Eh bien, vous ne pouvez pas le sortir de votre esprit. Vous ne pouvez pas vous en débarrasser.

Les pharisiens ne pouvaient pas le supporter. Pilate ne pouvait trouver aucune faute en Lui. Les témoins ne pouvaient accorder leurs témoignages. Hérode ne pouvait pas le tuer. La mort ne pouvait pas le maîtriser, et la tombe ne pouvait pas le retenir. Oui ! C'est mon Roi, c'est mon Roi.

Père, « à toi appartiennent le règne, la puissance et la gloire, pour les siècles » des siècles, et des siècles, et des siècles, et des siècles. Combien de temps cela dure-t-il ? Et des siècles. Et des siècles.

Et quand vous en aurez fini avec tous les « pour toujours », alors — Amen ! Amen !

La croix vide, la vie pleine

J'ai récemment découvert cette histoire racontée dans la chronique « Chère Abby » en réponse à la question de quelqu'un. Un jeune homme issu d'une famille aisée était sur le point d'obtenir son diplôme d'études secondaires. Dans ce quartier huppé, la coutume voulait que les parents offrent une voiture au diplômé. Bill et son père avaient passé des mois à examiner des voitures, et la semaine précédant la remise des diplômes, ils avaient trouvé la voiture parfaite.

La veille de la remise des diplômes, son père lui tendit une Bible emballée dans du papier cadeau. Bill était si en colère qu'il jeta la Bible et sortit de la maison en trombe. Lui et son père ne se revirent jamais.

C'est la nouvelle de la mort de son père qui ramena Bill à la maison. Un soir, alors qu'il examinait les biens de son père dont il devait hériter, il tomba sur la Bible que son père lui avait offerte.

Il essuya la poussière et l'ouvrit pour y trouver un chèque de banque daté du jour de sa remise de diplôme — du montant exact de la voiture qu'ils avaient choisie ensemble.

En réfléchissant à cette histoire, je ne pouvais m'empêcher de me demander combien de personnes dans ce monde ont fait la même chose à Dieu, rejetant littéralement une merveilleuse promesse parce qu'elles ne la comprenaient pas ou qu'elles ne croyaient pas que c'était possible. Dans notre monde, on nous apprend que si quelque chose semble trop beau pour être vrai, c'est probablement le cas. Beaucoup d'entre nous ont été trompés par de vaines promesses, si bien que nous nous méfions de tout ce qui ou de quiconque nous dit que nous pouvons avoir quelque chose pour rien.

Le monde ne fonctionne tout simplement pas ainsi !

Mais vous savez quoi ? Dieu, si. Dieu n'a jamais fait de promesse trop belle pour être vraie. La vérité, c'est que le monde est rempli de promesses vides. Nous regardons la télévision, et les publicités nous disent que nous pouvons être heureux, sexy, riches ou célèbres si nous achetons simplement un certain produit. Il ne faut pas longtemps avant que nous ayons été suffisamment bernés pour savoir que les promesses du monde sont pleines de vide.

Écoutez ses paroles :

« N›ayez pas peur ; je sais que vous cherchez Jésus, qui a été crucifié. Il n›est pas ici. Il est ressuscité ! »

Jésus était ressuscité. Il était vivant. Le tombeau était vide. Et quelle formidable promesse cela représente.

Pensez-y : la croix n'a pas pu le retenir, le tombeau n'a pas pu le contenir, et les linges funéraires étaient inutiles parce que Jésus était vivant ! Il avait de la peau et des os, un visage, et était reconnaissable. Et Il parlait, touchait, aimait et guérissait. Il l'a fait le jour de sa résurrection, et Il le fait encore aujourd'hui.

Dieu n'est pas limité par nos limitations

1 Jean 5:14-15 « ¹⁴Nous avons auprès de lui cette assurance que si nous demandons quelque chose selon sa volonté, il nous écoute. ¹⁵Et si nous savons qu'il nous écoute, quoi que nous demandions, nous savons que nous possédons la chose que nous lui avons demandée ».

Il y a plusieurs années, j'ai lu une histoire vraie d'un incident dans la vie du grand conquérant français Napoléon. Napoléon et ses soldats avaient conquis une île en Méditerranée. Ils s'étaient battus pendant de nombreux jours pour prendre l'île et avaient finalement réussi. Après la prise de l'île au prix de nombreuses vies, Napoléon et ses généraux se réunissent pour une fête. Alors qu'ils étaient assis autour d'une grande table, parlant de la victoire, ils furent interrompus par un jeune officier.

Napoléon le regarda et dit : « Que voulez-vous ? ».

Le jeune homme regarda Napoléon et dit : « Donnez-moi cette île ! ».

Les généraux commencèrent à rire. Ils n'arrivaient pas à croire qu'il était assez audacieux pour demander à Napoléon l'île pour laquelle ils s'étaient tant battus.

Ils pensaient entre eux : « pour qui se prend-il » ? Quiconque ayant l'audace de faire une telle demande à Napoléon mettait certainement sa propre vie en danger.

Mais alors Napoléon se tourna vers l'un de ses aides et demanda un stylo et du papier. Il rédigea un acte de propriété de l'île, le signa et le donna au jeune homme, laissant ses généraux stupéfaits et ébahis.

« Comment avez-vous pu faire cela ? » demanda l'un des généraux à Napoléon. « Qu'est-ce qui l'a rendu digne de recevoir cette grande île ? »

« Je lui ai donné cette île » répondit Napoléon, « parce qu'il m›a honoré par l›ampleur de sa demande ».

Nous aussi devons honorer Dieu par l'ampleur de nos demandes. Il ne s'attend pas à ce que nous vivions une vie de défaite, qui est bien en-deçà de la norme qu'Il a fixée pour nous. Il ne s'attend pas non plus à ce que nous nous contentions de demander les miettes de la table de la vie. Je suis convaincu que Dieu veut que nous fassions de grandes demandes afin que nous puissions éprouver une grande joie lorsqu'Il répond à nos prières.

La Bible promet : « Nous avons auprès de lui cette assurance, que si nous demandons quelque chose selon sa volonté, il nous écoute. Et si nous savons qu'Il nous écoute, quelque chose que nous demandions, nous savons que nous possédons la chose que nous lui avons demandée » (1 Jean 5:14-15).

Chacun d'entre nous doit découvrir le dessein divin de Dieu pour nos vies. Dieu n'est pas limité par nos limitations. Il reçoit tous ceux qui abandonnent volontairement leur vie à Lui. Lorsque nous sommes enthousiasmés par la possibilité de vivre, nous commençons à comprendre pourquoi Dieu nous a placés ici.

Les empreintes digitales de Dieu

Lorsqu'un crime a été commis, les détectives font généralement appel aux experts en empreintes digitales pour rechercher des empreintes sur la zone concernée. La logique est que si vous trouvez des empreintes digitales sur la scène et que vous pouvez les faire correspondre à celles enregistrées au poste de police, cela signifie que la personne était sur les lieux, et le détective aura une bonne piste quant à l'auteur possible du crime.

Dieu agit dans chacune de nos vies de manière merveilleuse et unique. Quand Il agit dans nos vies, Il laisse généralement Ses empreintes digitales partout sur ce qu'Il a fait. Il ne le fait pas par négligence, mais parce qu'Il veut que vous sachiez qu'Il a été là.

Quand quelque chose se produit dans ma vie dont seul Dieu peut être responsable, Ses empreintes digitales seront partout. Puis l'Éternel dit à Moïse :

« Dis à Aaron : «Étends ton bâton et frappe la poussière du sol» ». Question : Où Dieu a-t-Il laissé Ses empreintes digitales dans votre vie ?

Quand j'entends un incroyant reconnaître que Dieu a fait quelque chose, je devrais voir les empreintes digitales de Dieu partout. Les magiciens dirent à Pharaon : « C'est le doigt de Dieu ».

Parfois, il est difficile de reconnaître que Dieu a fait quelque chose de grand. Mais quand un incroyant reconnaît que Dieu a fait quelque chose de grand, prenez-en note car les empreintes digitales de Dieu sont partout dans cette situation. Les magiciens n'auraient pas été des croyants en Dieu. Cependant, ils savaient que seul Dieu pouvait avoir accompli le miracle.

Quand je sais que Dieu touche le cœur d'une personne, je devrais voir les empreintes digitales de Dieu partout sur cette personne. Mais le cœur du Pharaon s'endurcit, et il n'écouta pas ce que l'Éternel avait dit. Le Pharaon dit : « Je vous laisserai aller offrir des sacrifices à l'Éternel votre Dieu dans le désert ».

Il y a deux cas où vous devriez vraiment pouvoir voir les empreintes digitales de Dieu.

1. Quand une personne refuse d'écouter Dieu. Vous avez vu les empreintes digitales de Dieu sur la vie de Jonas quand il a refusé d'écouter. Cela terrifia tous les hommes sur le navire, et ils demandèrent : « Qu'as-tu fait ? ». L'équipage pouvait voir les empreintes digitales de Dieu partout sur Jonas. Les plaies étaient les empreintes digitales de Dieu sur la vie du Pharaon pour son refus d'écouter.

2. Le deuxième endroit où nous verrons les empreintes digitales de Dieu est sur un cœur qu'Il met sous conviction. Quand je vois le peuple de Dieu être protégé des troubles, je devrais pouvoir voir les empreintes digitales de Dieu partout. « Si tu ne laisses pas partir mon peuple, j'enverrai des essaims de mouches sur toi et tes officiers. Mais ce jour-là, j'agirai différemment avec le pays de Goshen ».

Quand un chrétien parvient à vaincre le cancer, je vois les empreintes digitales de Dieu partout. Quand je vois un chrétien sortir indemne d'un accident très grave dont il n'aurait pas dû survivre, je vois les empreintes digitales de Dieu. Quand je vois un arc-en-ciel, je vois les empreintes digitales de Dieu de Sa protection de cette planète. Quand je lis l'histoire de Noé, je vois les empreintes digitales de Dieu sauvant un homme juste d'un déluge.

Quand quelqu'un sans expérience de prière à Dieu me demande de prier en son nom, je devrais voir les empreintes digitales de Dieu partout. Le Pharaon dit : « Je vous laisserai aller offrir des sacrifices à l'Éternel votre Dieu dans le désert, mais vous ne devez pas aller très loin. Maintenant, priez pour moi ».

Là où il y a une personne obéissante, je verrai les empreintes digitales de Dieu dans sa vie. Moïse répondit : « Dès que je te quitterai, je prierai l'Éternel ». Moïse obéissait à Dieu et faisait ce que Dieu lui avait dit. En conséquence, Dieu le bénissait en répondant à ses prières.

MAI

L'influence d'une mère

Comme beaucoup d'entre vous, j'ai visité le mémorial où Abraham Lincoln est enterré à Springfield, Illinois (l'un des monuments les plus impressionnants sur terre) et j'y ai lu les mots du secrétaire d'État à la guerre Stanton à la mort de Lincoln : « Maintenant, il appartient aux âges ». Puis, comme beaucoup d'entre vous, j'ai visité l'impressionnant Mémorial Lincoln à Washington DC et les parlements du Congrès.

À Hodgenville, Kentucky, il y a un magnifique monument construit au-dessus de la petite cabane en rondins dans laquelle il est né. Le monument fait face au sud, et on y lit l'inscription : « Sans malveillance envers personne, avec charité pour tous ». Et à l'intérieur se trouve une phrase éternelle d'Abraham Lincoln : « Tout ce que je suis ou espère être un jour, je le dois à ma mère angélique ». Et alors que je me tenais là, lisant cet hommage à sa mère angélique et sainte, j'ai pensé à Abraham Lincoln, garçon de neuf ans, creusant avec son père la tombe et l'enterrant là dans le sol du Kentucky.

L'histoire du monde a également été marquée par Constantin, le premier chrétien à occuper le poste d'empereur de l'Empire romain, gagné à Dieu par Hélène, sa mère.

J'ai pensé à Augustin, l'infidèle devenu finalement le grand théologien, gagné au Seigneur par Monique, sa mère. Et j'ai pensé à Vladimir, le commandant et empereur extrêmement puissant et doué de la vaste nation de Russie, gagné au Seigneur par sa mère, Olga, qu'il ait façonné l'histoire du monde et qu'il se soit identifié à la foi.

Ce que les enseignants font

Colossiens 1:9-11 « [9]Voilà pourquoi nous aussi, depuis le jour où nous en avons été informés, nous ne cessons de prier Dieu pour vous. Nous demandons que vous soyez remplis de la connaissance de sa volonté, en toutes sagesse et intelligence spirituelles, [10]pour marcher d'une manière digne du Seigneur et lui plaire entièrement. Vous aurez pour fruits toutes sortes d'œuvres bonnes et vous progresserez dans la connaissance de Dieu, [11]vous serez fortifiés à tout point de vue par sa puissance glorieuse pour être toujours et avec joie persévérants et patients ».

Les convives étaient assis autour de la table, discutant de la vie. Un homme, un PDG, décida d'expliquer le problème de l'éducation. Il argumenta : « Qu'est-ce qu'un enfant va apprendre de quelqu'un qui a décidé que sa meilleure option dans la vie était de devenir enseignant ? ». Il rappela aux autres convives ce qu'on dit des enseignants :

« Ceux qui savent faire, font. Ceux qui ne savent pas faire, enseignent ».

Pour souligner son point, il dit à un autre convive : « Vous êtes enseignant. Soyez honnête. Que faites-vous ? ».

Vous voulez savoir ce que je fais ?

Je fais travailler les enfants plus dur qu'ils ne pensaient pouvoir le faire.

Je fais en sorte qu'un 12/20 se sente comme le gagnant de la Médaille d'Honneur du Congrès.

Je fais asseoir les enfants pendant quarante minutes d'étude dans un silence absolu.

Vous voulez savoir ce que je fais ?

Je fais s'émerveiller les enfants.

Je les fais se questionner.

Je les fais critiquer.

Je les fais s'excuser et le penser sincèrement.

Je les fais écrire.

Je les fais lire, lire et relire.

Je les fais montrer tout leur travail en mathématiques et perfectionner leurs versions finales en anglais.

Je leur fais comprendre que si vous avez l'intelligence et suivez votre cœur, et si quelqu'un essaie un jour de vous juger par ce que vous gagnez, vous ne devez pas y prêter attention car ils n'ont simplement pas appris.

Vous voulez savoir ce que je fais ?

Je fais une différence.

Que faites-vous ?

Les enseignants rendent possible toutes les autres professions ! ».

William A. Ward a dit : « L'enseignant médiocre raconte. Le bon enseignant explique. L'enseignant supérieur démontre. Le grand enseignant inspire ».

La prière de Paul pour les enseignants (Colossiens 1:9-11) :

« C'est pour cela que nous aussi, depuis le jour où nous en avons été informés, nous ne cessons de prier Dieu pour vous, et de demander que vous soyez remplis de la connaissance [profonde et claire] de sa volonté, en toute sagesse et intelligence spirituelle [une connaissance approfondie des voies et des desseins de Dieu], pour marcher d'une manière digne du Seigneur et lui être entièrement agréables, portant des fruits en toutes sortes de bonnes oeuvres et croissant par la connaissance de Dieu [par une compréhension, une connaissance et une reconnaissance plus complètes, plus profondes et plus claires], fortifiés à tous égards par sa puissance glorieuse en sorte que vous soyez toujours et avec joie [persévérants et patients] ».

Quelqu'un a dit

Quelqu'un a dit qu'il faut environ six semaines pour revenir à la normale après avoir eu un bébé.

Quelqu'un ne sait pas qu'une fois que vous êtes mère, la normalité appartient au passé.

Quelqu'un a dit qu'on apprend à être mère par instinct. Quelqu'un n'a jamais emmené un enfant de trois ans faire du shopping.

Quelqu'un a dit qu'être mère est ennuyeux. Quelqu'un n'a jamais été dans une voiture conduite par un adolescent avec un permis d'apprenti.

Quelqu'un a dit que si vous êtes une « bonne » mère, votre enfant « tournera bien ». Quelqu'un pense qu'un enfant vient avec un mode d'emploi et une garantie.

Quelqu'un a dit que les « bonnes » mères n'élèvent jamais la voix. Quelqu'un n'est jamais sorti par la porte de derrière juste à temps pour voir son enfant envoyer une balle de golf à travers la fenêtre de la cuisine du voisin.

Quelqu'un a dit qu'on n'a pas besoin d'éducation pour être mère.

Quelqu'un n'a jamais aidé un élève de quatrième année avec ses maths.

Quelqu'un a dit qu'on ne peut pas aimer le cinquième enfant autant que le premier.

Quelqu'un n'a pas plus d'un enfant.

Quelqu'un a dit qu'une mère peut trouver toutes les réponses à ses questions sur l'éducation des enfants dans les livres. Quelqu'un n'a jamais eu un enfant qui s'est mis des haricots dans le nez.

Quelqu'un a dit que la partie la plus difficile d'être mère est l'accouchement. Quelqu'un n'a jamais regardé son « bébé » monter dans le bus pour son premier jour de maternelle.

Quelqu'un a dit qu'une mère peut faire son travail les yeux fermés et une main attachée dans le dos. Quelqu'un n'a jamais organisé sept Girl Scouts gloussantes pour vendre des cookies.

Quelqu'un a dit qu'une mère peut arrêter de s'inquiéter une fois que son enfant est marié. Quelqu'un ne sait pas que le mariage ajoute un nouveau gendre ou une nouvelle belle-fille aux cordes sensibles d'une mère.

Quelqu'un a dit que le travail d'une mère est terminé lorsque son dernier enfant quitte la maison.

Quelqu'un n'a jamais eu de petits-enfants.

Quelqu'un a dit que votre mère sait que vous l'aimez, donc vous n'avez pas besoin de le lui dire. Quelqu'un n'est pas une mère.

« Elle veille sur ce qui se passe dans sa maison, Et elle ne mange pas le pain de paresse. Ses fils se lèvent, et la disent heureuse ; son mari se lève, et lui donne des louanges : "Plusieurs filles ont une conduite vertueuse ; mais toi, tu les surpasses toutes." La grâce est trompeuse, et la beauté est vaine ; la femme qui craint l'Éternel est celle qui sera louée. Récompensez-la du fruit de son travail, et qu'aux portes ses oeuvres la louent » (Proverbes 31:27-31).

Souverain dans la création de la vie

Psaumes 139:13-16 « ¹³C'est toi qui as formé mes reins, qui m'as tissé dans le sein de ma mère. ¹⁴Je te loue de ce que je suis une créature si merveilleuse. Tes oeuvres sont admirables, et mon âme le reconnaît bien. ¹⁵Mon corps n'était point caché devant toi, lorsque j'ai été fait dans un lieu secret, tissé dans les profondeurs de la terre. ¹⁶Quand je n'étais qu'une masse informe, tes yeux me voyaient ; et sur ton livre étaient tous inscrits les jours qui m'étaient destinés, avant qu'aucun d'eux existât ».

Chaque être humain est un être spécial (Genèse 1:26-28 ; 2:7)

L'une des vérités principales qui ressort de ces versets est le fait que l'homme est le produit du pouvoir créateur de Dieu et non le résultat d'une évolution aléatoire. L'homme n'a pas évolué à partir d'un organisme unicellulaire sur des millions d'années ; il est la création spéciale de Dieu. Vous remarquerez que tous les autres animaux ont été appelés à l'existence par la Parole de Dieu. L'homme, cependant, a été formé par Dieu à partir de la poussière de la terre, et Dieu a insufflé la vie dans les narines de l'homme.

Voici l'un des plus grands dangers dans tout le système de l'évolution tel qu'il est enseigné à nos enfants dans les écoles publiques. Si l'on peut convaincre les gens que l'humanité n'est rien de plus qu'un produit de la sélection aléatoire, alors la vie humaine perd toute sa valeur.

Ce que vous et moi sommes dans cette vie n'est pas le produit du hasard et d'une génétique malheureuse. Ce que nous sommes dans cette vie est le produit de la souveraineté divine. Nous sommes ce que nous sommes parce que Dieu a déterminé qu'il en soit ainsi. C'était la conviction de David dans le Psaume 139:13-16.

Job partageait également ce point de vue dans Job 10:9-12.

Même la science moderne, qui s'efforce tant de détruire l'idée même de Dieu, nous confirme que nous ne pouvons pas être le produit du simple hasard.

Remarquez ces faits sur votre corps :

1. Le corps moyen contient environ 7,5 billions de cellules. Il est beaucoup plus complexe que l'ordinateur le plus avancé.
2. Chaque cellule contient deux cents billions de minuscules groupes d'atomes appelés « molécules protéiques ».
3. La plus grande molécule s'appelle l'ADN, qui transmet l'information héréditaire des parents à la descendance. Elle porte également le code génétique et détermine si vous serez un homme ou un mammouth.
4. L'ADN dans une cellule mesure six pieds de long. L'ADN total dans le corps remplirait une boîte de la taille d'un glaçon, mais s'il était joint, il atteindrait le soleil et reviendrait quatre cents fois.
5. Toutes nos cellules contiennent les informations trouvées dans toutes les autres cellules. Chaque cellule de votre corps porte toutes les informations nécessaires pour un autre vous.
6. Si les informations et les instructions codées de l'ADN d'un être humain étaient traduites en français, elles rempliraient une encyclopédie de mille volumes.
7. Dans la division cellulaire, la cellule forme une double hélice rotative. Elle tourne à soixante-quinze tours par seconde. C'est équivalent à démêler un fil de microphone enchevêtré dans

une cathédrale en moins d'une fraction de seconde. Pourtant, la duplication cellulaire est si précise qu'elle équivaut à un taux d'erreur de moins d'une lettre pour un ensemble complet de l'Encyclopædia Britannica.

Le roi David a dit dans le Psaume 139:13-16 : « C'est toi qui as formé mes reins, qui m'as tissé dans le ventre de ma mère. Je te loue de ce que je suis une créature si merveilleuse. Tes œuvres sont admirables, et je le reconnais bien ».

L'espoir que seul un enseignant peut donner

Qu'est-ce qui est possible quand il y a de l'espoir ? Joyce Holliday raconte l'histoire d'une enseignante chargée de visiter des enfants dans un grand hôpital de ville, qui a reçu un appel de routine lui demandant de rendre visite à un enfant particulier. L'enseignante a pris le nom et le numéro de chambre du garçon et l'enseignante à l'autre bout du fil lui a dit : « Nous étudions les noms et les adverbes dans cette classe en ce moment. Je vous serais reconnaissante si vous pouviez l'aider avec ses devoirs, pour qu'il ne prenne pas de retard sur les autres ».

Ce n'est qu'en arrivant devant la chambre du garçon que l'enseignante visiteuse s'est rendu compte qu'elle se trouvait dans l'unité des grands brûlés de l'hôpital. Personne ne l'avait préparée à trouver un jeune garçon horriblement brûlé et en grande souffrance.

L'enseignante a senti qu'elle ne pouvait pas simplement faire demi-tour et partir. Alors, elle a balbutié maladroitement : « Je suis l'enseignante de l'hôpital, et votre professeur m'a envoyée pour vous aider avec les noms et les adverbes ».

Ce garçon souffrait tellement qu'il a à peine réagi. La jeune enseignante a bafouillé sa leçon d'anglais, honteuse de lui faire subir un exercice si insensé. Le lendemain matin, une infirmière de l'unité des grands brûlés lui a demandé : « Qu'avez-vous fait à ce garçon ? ».

Avant que l'enseignante ne puisse terminer son flot d'excuses, l'infirmière l'interrompit. « Vous ne comprenez pas. Nous étions très inquiets pour lui. Mais depuis que vous êtes venue hier, toute son attitude a changé. Il se bat. Il répond au traitement. C'est comme s'il avait décidé de vivre ».

Le garçon expliqua plus tard qu'il avait complètement perdu espoir jusqu'à ce qu'il voie l'enseignante. Tout a changé lorsqu'il s'est rendu compte d'une chose toute simple.

Avec des larmes de joie, le garçon dit : « Ils n'enverraient pas une enseignante travailler sur les noms et les adverbes avec un garçon qui était en train de mourir, n'est-ce pas ? ».

Cette merveilleuse histoire nous invite à célébrer le don de la vie même quand tout ce que nous semblons voir autour de nous est douleur, déception et brisure. Elle nous montre que de l'autre côté de la douleur, il y a la résurrection. Elle nous rappelle ce qui est possible chaque fois qu'il y a de l'espoir.

Règles de vie

Dans son livre « Business @ the Speed of Thought », Bill Gates énonce onze règles que les étudiants n'apprennent pas au lycée ou à l'université, mais qu'ils devraient connaître. Il soutient que nos enseignements politiquement corrects et axés sur le bien-être ont créé une génération d'enfants sans aucune notion de la réalité, qui sont ensuite voués à l'échec dans le monde réel.

Règle 1. La vie n'est pas juste ; habituez-vous-y.

Règle 2. Le monde ne se souciera pas de votre estime de soi. Le monde attendra que vous accomplissiez quelque chose avant que vous ne vous sentiez bien dans votre peau.

Règle 3. Vous ne gagnerez pas quarante mille dollars par an dès la sortie du lycée. Vous ne serez pas vice-président avec un téléphone portable avant d'avoir obtenu à la fois votre diplôme d'études secondaires et universitaires.

Règle 4. Si vous pensez que votre professeur est dur, attendez d'avoir un patron. Il n'est pas titularisé.

Règle 5. Travailler dans un fast-food n'est pas indigne. Vos grands-parents avaient un autre mot pour désigner le fait de travailler dans un fast-food : ils appelaient cela « opportunité ».

Règle 6. Si vous faites une erreur, ce n'est pas la faute de vos parents, alors ne vous plaignez pas de vos erreurs ; apprenez-en.

Règle 7. Avant votre naissance, vos parents n'étaient pas aussi ennuyeux qu'ils le sont maintenant. Ils sont devenus comme ça en payant vos factures, en lavant vos vêtements et en vous écoutant parler de votre côté cool.

Donc, avant de sauver la forêt tropicale des parasites de la génération de vos parents, essayez de nettoyer les vêtements dans votre propre chambre.

Règle 8. Votre école a peut-être supprimé le concept de gagnants et de perdants, mais ce n'est pas le cas de la vie. Dans certaines écoles, ils ont aboli les mauvaises notes ; ils vous laisseront essayer autant de fois que vous le souhaitez pour obtenir la bonne réponse. Cela ne ressemble en rien à quoi que ce soit dans la vraie vie.

Règle 9. La vie n'est pas divisée en semestres. Vous n'avez pas de vacances d'été, et très peu d'employés sont intéressés à vous aider à vous trouver. Faites-le sur votre propre temps.

Règle 10. La télévision n'est pas la vraie vie. Dans la vraie vie, les gens doivent réellement quitter le café et aller travailler.

Règle 11. Soyez gentils avec les nerds. Il y a de fortes chances que vous finissiez par travailler pour l'un d'entre eux.

JUIN

Élever des enfants pieux

3 Jean 1:4 « Je n'ai pas de plus grande joie que d'apprendre que mes enfants marchent dans la vérité » (LSG).

Il n'y a pas de plus grande joie que de voir nos enfants marcher dans la vérité. Il y a cinq façons dont nous pouvons aider nos enfants à marcher avec Dieu.

1. Parler avec eux
    Parlez à vos enfants pendant que vous les conduisez à l'entraînement de football, que vous faites les courses ou que vous partez en vacances en famille.
    Si vous lancez la discussion en leur disant ce que vous apprenez (non pas en leur faisant la morale mais en partageant avec eux vos expériences), vous serez surpris par leur empressement à écouter.

2. Vivre devant eux
    Que nos enfants voient ou non ce que nous faisons, ils deviendront inévitablement comme nous, en nous suivant de manières que nous ne pensons pas qu'ils connaissent.

3. Vivre honnêtement devant eux
    Marchez honnêtement devant vos enfants, et ils ne seront pas déçus de vous, mais vous remercieront et

vous honoreront. Marchez dans l'intégrité, et vous gagnerez non seulement le respect de ceux qui vous suivent, mais vous les empêcherez aussi de faire les mêmes erreurs qui vous ont tourmenté.

4. Vivre loin d'eux
    C'est le père sage qui, apprenant que son fils mangeait de la bouillie de porc en ville, n'est pas allé le secourir, mais a plutôt laissé le processus se dérouler. Et lorsqu'il l'a fait, son fils a repris ses esprits et est rentré chez lui comme un homme nouveau (Luc 15).
    Il y a de nombreux moments où nous devons nous éloigner de nos enfants, et où notre Seigneur doit avoir les coudées franches pour agir dans leur vie.

5. Vivre de près derrière eux
    Sachant que lors des jours de fête, ses fils seraient tentés, Job offrait chaque jour un sacrifice en leur nom. Ce faisant, il disait : « Je veux marcher derrière mes enfants pour m'assurer qu'ils sont protégés ». Donc, je sais aussi que mes enfants sont vulnérables au péché, parce qu'ils sont comme moi. Que puis-je faire ? Je peux prier pour eux tous les jours.

Que se passerait-il si nous nous levions chaque matin et si nous nous sacrifiions vraiment dans la prière, pas seulement en disant « Bénissez mes enfants, Amen », mais en parlant au Père et en l'attendant au nom de chacun d'entre eux ? Nous pouvons couvrir leurs points vulnérables ; les endroits où nous savons qu'ils sont susceptibles d'être attaqués. Nous pouvons marcher derrière eux de manière protectrice et en prière si nous sommes prêts à prendre le temps et à dépenser la même énergie que Job.

Jésus nous montre ce que signifie marcher avec les gens, marcher devant les gens, marcher honnêtement devant les gens, s'éloigner des gens et marcher en prière derrière les gens. Il fait cela avec moi.

Il l›a fait avec vous. Maintenant, faisons la même chose pour ceux que nous élevons.

Si vous le faites, parce que Dieu ne viole pas le libre arbitre de ses enfants, il n'y a aucune garantie que vos enfants seront pieux, mais cela augmente radicalement les chances. Et voici la promesse sur laquelle vous pouvez compter : Même s'ils traversent des saisons, des années ou même des décennies de rébellion, la Bible dit : « Instruis l'enfant selon la voie qu'il doit suivre ; et quand il sera vieux, il ne s'en détournera pas » (Proverbes 22:6).

Faites ce que vous êtes censés faire, Maman et Papa, et même si votre enfant se rebelle initialement, il finira par revenir en se souvenant de la formation, de l'exemple, de l'enseignement et de la prière que vous avez vécus devant lui. Faites ces choses, et comme Jean, votre joie sera grande quand vous verrez vos enfants marcher dans la vérité.

(Pour approfondir : « Jon Courson's Application Commentary »).

Transmettre des valeurs à vos enfants

1. Valorisez Dieu comme la source de toutes choses. La Bible dit : « Au commencement, Dieu créa le ciel et la terre ». En tant que chrétiens, nous croyons que Dieu est le créateur de tout. Pourquoi est-ce important ? Parce que si vous croyez que Dieu est Dieu et qu'Il est notre créateur, alors nous devrions vivre la vie comme Il l'a conçue pour être vécue. Il faut plus de foi pour croire que tout s'est mis en place par accident que pour croire que Dieu l'a créé.

2. Valorisez la terre comme la création de Dieu. « C'est à l'Eternel qu'appartient la terre avec tout ce qu'elle contient », dit le psalmiste. Et la Bible nous dit : « Dieu regarda tout ce qu'Il avait fait, et Il constata que c'était très bon ».

3. Valorisez les personnes à l'image de Dieu. La Bible dit : « Puis Dieu dit : "Faisons l'homme à notre image, à notre

ressemblance !" ». Dieu nous aime tous. « Rouges et jaunes, noirs et blancs ; ils sont tous précieux à ses yeux ». Nous devons aussi enseigner cela à nos enfants.

4. Valorisez la Bible comme la vérité de Dieu. « Toute Écriture est inspirée de Dieu », dit la Bible. Nous croyons que Dieu s'est révélé dans Sa Parole. George Barna a récemment mené une enquête et a découvert que 72 % des personnes interrogées ne croient pas qu'il existe une vérité absolue.

   C'est plutôt effrayant, n'est-ce pas ? S'il n'y a pas de vérité absolue, alors il n'y a rien pour nous dire ce qui est bien et ce qui est mal. Cela signifie le chaos. Et c'est exactement ce que nous avons dans notre monde aujourd'hui : une situation chaotique sans norme acceptée de ce qui est bien et ce qui est mal. Mais nous croyons que la Bible est la Parole de Dieu, et que ce qu'elle dit fait autorité pour nos vies. Et nous devons transmettre cet héritage à nos enfants.

5. Valorisez la famille comme l'unité de base de Dieu. « C'est pourquoi l'homme quittera son père et sa mère et s'attachera à sa femme, et les deux ne feront qu'un ». Tout au long de la Bible, il est enseigné que lorsqu'un homme et une femme se marient, ils s'engagent l'un envers l'autre.

   Et nous devons enseigner cela à nos enfants : que le mariage est sacré, que les enfants sont un don de Dieu. Une grande partie du monde d'aujourd'hui dit : « Le mariage est dépassé. Il devrait être jeté aux oubliettes. Et une famille peut consister en des mariages de même sexe. La société a dilué le sens de la famille au point où nous ne sommes plus sûrs de ce qu'est la famille ». Mais nous devons nous opposer à la culture de notre époque, dire « La famille est la cellule de base de Dieu » et vivre ainsi dans nos propres foyers.

6. Valorisez l'église comme l'appelée de Dieu. Nous avons parlé de la façon dont le royaume de Dieu aujourd'hui est l'église. Nous sommes Son corps, sacré et saint. Donc, nous devons valoriser l'église et transmettre cela aussi à nos enfants.

7. Valorisez le gouvernement établi par Dieu. Cela signifie qu'en tant que citoyens chrétiens, nous devons obéir aux lois du pays. Nous devons être des citoyens pacifiques. Nous ne devrions jamais faire quoi que ce soit que le gouvernement nous ordonne de faire qui irait à l'encontre de nos principes chrétiens. Mais tant qu'ils ne violent pas cela, nous devons vivre en paix dans ce pays et obéir à ses lois.

Comment transmettons-nous ces valeurs à nos enfants et à nos petits-enfants ?

1. Tout d'abord, soyez totalement engagé envers le Christ vous-même. Vous savez, les enfants sont assez doués pour repérer les incohérences dans nos vies. Je pense que l'un des endroits les plus difficiles pour être chrétien est à la maison.

2. Construisez une relation aimante avec vos enfants. Josh McDowell dit : « Les règles sans relation mènent à la rébellion ». Je pense qu'il a pris le pouls de ce qui se passe dans notre monde aujourd'hui. Nous avons beaucoup de règles et de réglementations mais très peu de relations significatives. Il poursuit en disant que 54 % de tous les adolescents disent qu'ils ne parleraient jamais à leur père de leurs problèmes, et que 25 % disent qu'ils ne parleraient jamais à leur mère. Donc, nous avons des foyers où il y a des règles et des réglementations mais pas de relations.

   Je pense qu'il est crucial que nous construisions des relations aimantes avec nos enfants afin qu'ils nous voient non seulement comme des figures d'autorité mais aussi comme des amis à qui ils peuvent confier les désirs les plus profonds de leur cœur.

3. Saturez leur vie avec la Parole de Dieu. « Je serre ta parole dans mon cœur afin de ne pas pécher contre toi », écrit le psalmiste.

Vous serez étonné de voir combien vos enfants peuvent se souvenir et à quelle vitesse ils assimilent des choses comme ça. S'ils sont constamment saturés des choses de Dieu, ils les garderont avec eux toute leur vie.

4. Minimisez leur exposition à la propagande du monde. Savez-vous que chaque mère dans le règne animal protège instinctivement ses petits ? Dieu intègre cela dans Sa création pour que les plus âgés protègent les plus jeunes. Si nous ne protégeons pas nos enfants aujourd'hui, nous les exposons à la ruine morale. Alors, surveillez ce qu'ils regardent à la télévision. Sachez ce qu'on leur enseigne à l'école.

5. Priez pour eux quotidiennement, et priez avec eux régulièrement. Priez constamment pour vos enfants. Priez pour eux pendant qu'ils grandissent. Priez pour leur santé. Priez pour leur force. Priez pour leurs amis. Priez pour leur protection contre la tentation. Priez chaque jour pour que Dieu les guide vers la bonne personne à épouser afin que, lorsqu'ils le feront, leur mariage soit heureux et dure toute une vie.

Certains des meilleurs moments que vous pouvez avoir chez vous sont ceux où vous priez avec vos enfants. Les prières peuvent commencer par : « Maintenant je me couche pour dormir. Je prie le Seigneur mon âme de garder. Que Dieu bénisse maman et papa ».

Mais bientôt, ils prieront : « Dieu, aide-moi pendant que je passe l'examen, à me souvenir des choses que j'ai étudiées et apprises. Dieu, aide-moi quand je choisirai une université pour que je sois protégé et que je ne me retrouve pas avec de mauvaises fréquentations et ne prenne pas de mauvaises décisions. Dieu, aide-moi à faire un bon choix de carrière. Je veux simplement faire de ma vie ce que Tu veux que je fasse. Je veux être Ta personne, quoi que cela puisse être ».

« Dieu, aide-moi à choisir un partenaire. Que ce soit la bonne personne. Dieu, bénis nos enfants. Garde-les en sécurité. Aide-nous, en tant que parents, à être le genre de parents que Tu veux que nous soyons. Dieu, bénis maman et papa ».

Et enfin : « Merci, Dieu. Maman et papa sont avec Toi maintenant. Merci pour de bons parents chrétiens qui nous ont transmis des valeurs qui sont restées avec nous au fil des années ».

J'aime l'histoire d'un petit garçon à qui on a demandé s'il croyait en Dieu. Il a répondu : « Eh bien, oui, j'y crois ». Quand on lui a demandé pourquoi, il a dit : « Eh bien, je suppose que c'est de famille ». J'espère que c'est aussi le cas dans votre famille.

Marche un peu plus près, papa

Josué 7:20 « Acan répondit à Josué, et dit: "Il est vrai que j'ai péché contre l'Éternel, le Dieu d'Israël, et voici ce que j'ai fait." ».

Papa, vos enfants ou petits-enfants prendront des aspects, non pas de ce qu'ils vous voient faire, mais de ce que vous êtes. Quand Acan a péché, toute sa famille en a payé le prix car ce qu'il a fait en secret a fini par affecter toute sa famille (Josué 7).

Un homme a partagé son témoignage, disant qu'il était un chrétien né de nouveau qui aimait l'alcool. Un Noël, la neige tombait et, après le festin familial, il voulait boire quelque chose. Trouvant son bar vide, il mit son chapeau, son manteau et ses bottes, et sortit pour marcher trois pâtés de maisons jusqu'à la boutique d'alcool.

À mi-chemin de sa destination, il sentit que quelqu'un le suivait. Se retournant, il vit son fils de quatre ans avec son chapeau, son manteau et ses bottes, faisant de grands pas en mettant ses pieds dans la neige fraîchement tombée où son père avait laissé ses propres empreintes.

« Hé, mon gars, que fais-tu ? », demanda le père.

« Papa, je marche juste dans tes pas », répondit fièrement son fils. « Il marche dans mes pas », pensa l›homme, « et je vais à la boutique d›alcool ; c›est ce que je veux pour mon garçon ? ».

Immédiatement, il fit demi-tour, rentra chez lui avec son fils et ne but plus jamais.

« Je peux boire de la bière et du vin » pourriez-vous penser. Bien sûr, vous le pouvez. Mais voulez-vous que vos enfants le fassent auss ? Non ?

Alors ne les incitez pas à le faire.

Que voient mes enfants et petits-enfants ? Pour le meilleur ou pour le pire, ils suivent mes pas.

Vous avez peut-être été plus préoccupé par le fait que vos enfants vous aiment que par le fait de les élever correctement. Mais il n›est pas trop tard.

C'est un nouveau jour. À partir d'ici et maintenant, Dieu vous guidera si vous le laissez faire. Et si vos enfants sont adultes, vous pouvez toujours être impliqué avec vos petits-enfants ou les enfants de la congrégation.

Il n'a pas jeté l'argile

Peut-être qu›à un moment de votre vie, vous aviez de grands rêves. Vous alliez aller loin. Vous vouliez une grande maison, un bon travail, le mari parfait ou la femme parfaite, et une ribambelle d›enfants mignons qui seraient tous de petits anges.

Au lieu de cela, vous avez eu une cabane et non une maison, votre mariage est un désastre et vous n'arrivez pas à joindre les deux bouts parce qu'il y a trop de bouches à nourrir. Alors maintenant, vous restez éveillé la nuit et vous vous demandez « pourquoi ? ».

Pourquoi vivre ? Pourquoi continuer cette bataille ? Peut-être que ce n›est même pas ce dont j›ai parlé jusqu›à présent. Tout cela aboutit à la même conclusion : le désespoir.

Vous êtes-vous déjà demandé si l'argile de votre vie n'avait pas été jetée ? Eh bien, j'ai une bonne nouvelle. Dieu n'a pas jeté l'argile de votre vie. Dieu est venu pour faire de votre réceptacle tout ce qu'il était destiné à être, et aujourd'hui, Il veut que vous :

1. Rachetiez le réceptacle. Racheter signifie récupérer. Dieu désire récupérer les morceaux brisés de votre vie. Peu importe ce que vous avez fait ou où vous avez été, Dieu veut vous récupérer. Le Maître de tous les potiers veut récupérer votre réceptacle.

2. Répariez votre réceptacle. Non seulement le Seigneur désire racheter votre réceptacle, mais Il veut aussi le réparer. Il ne jette pas l'argile ; Il la répare. Quand tout le monde dit que vous ne valez rien, que votre vie est un échec, Dieu dit qu'Il veut réparer votre réceptacle pour en faire quelque chose de valable.

3. Remplissez à nouveau votre réceptacle. Non seulement Dieu veut racheter et réparer votre réceptacle, mais Il veut aussi le remplir à nouveau. Ce vide que vous avez ressenti, Dieu désire le combler. Cette solitude sans valeur, Il veut la remplir. Dieu désire entrer dans votre cœur et le remplir de ce qui vous manque. Il n'a pas jeté l'argile de votre vie. Il veut vous racheter, vous réparer et vous remplir à nouveau aujourd'hui ! Laissez-le commencer le remodelage aujourd'hui.

Ce public d'une seule personne

J'ai entendu l'histoire d'un joueur de football au lycée qui était le deuxième défenseur et qui ne jouait presque jamais. Il ne jouait que dans l'équipe qui donnait le coup d'envoi, et ensuite il jouait quand son équipe prenait de l'avance. Ils l'envoyaient alors avec les remplaçants. Mais c'était le dernier match de sa dernière année, et il est entré en trombe dans le bureau de l'entraîneur avec un sentiment d'urgence.

Il a dit : « Coach, vous devez me laisser jouer au début du match. Vous devez absolument me laisser jouer au début.

Vous devez me laisser jouer au début ce soir ».

L'entraîneur a répondu : « Je ne peux rien promettre ».

Voyez-vous, ce garçon ne jouait pas beaucoup, mais son père était comme la plupart des autres pères : il venait à chaque match. Il était toujours là, quoi qu'il arrive ; même si son fils jouait peu ou pas du tout, il était toujours là pour l'encourager et l'acclamer. Il ressemblait à la plupart des pères de cette façon, mais il était différent de la plupart des pères car il était aveugle. Même si son fils ne jouait pas beaucoup, il ne l'avait jamais vu jouer, mais il était toujours là pour l'encourager. Sa présence était toujours ressentie même s'il était aveugle.

Mais ce jeune homme a supplié et supplié l'entraîneur jusqu'à ce que finalement, juste avant le match, l'entraîneur dise : « D'accord, je te laisserai jouer la première série ».

Ce jeune homme est entré sur le terrain et il était impatient de jouer.

Ils ont donné le ballon à l'arrière, et bang ! Il l'a frappé derrière la ligne de mêlée et a arrêté le jeu. Dès le jeu suivant, le quarterback est revenu pour faire une passe, et ce jeune linebacker a blitzé et sacké le quarterback. Il a joué le reste du match.

Il a fini avec plus de vingt plaquages. À la fin du match, alors qu'il revenait en courant du terrain, l'entraîneur l'a attrapé par le casque et lui a dit : « Mon garçon, qu'est-ce qui t'a pris ? C'est l'un des plus grands matchs que j'ai jamais vu jouer par un linebacker au lycée ! Je ne comprends pas. Que s'est-il passé ? ».

Le jeune homme a dit : « Coach, vous connaissez mon père qui vient à chaque match ? L'aveugle ».

L'entraîneur a dit : « Oui, je sais qui est ton père. Et je sais tout sur sa cécité ».

« Bien, mon père est mort hier soir, et c'est le premier match qu'il m'a jamais vu jouer. C'est pourquoi je devais jouer », a-t-il dit. « Je jouais pour lui. Je jouais pour lui, et cela a fait toute la différence ».

Alors, pour qui jouez-vous ? Pour quoi jouez-vous ? Jouez-vous pour des jouets, pour des possessions ? Jouez-vous pour le plaisir ?

Jouez-vous pour des tapes dans le dos ? Jouez-vous pour que les gens puissent dire que vous êtes un bon gars ?

Pour qui jouez-vous ? Le seul qui compte vraiment est Celui qui vous a créé. L'entraîneur qui vous a créé et qui vous a mis dans le jeu : votre Père céleste. Il est le seul qui compte vraiment, et le fait qu'il dise « Bien joué ! ».

Votez selon vos valeurs

1 Timothée 2:1-3 « ¹J'encourage donc avant tout à faire des demandes, des prières, des supplications, des prières de reconnaissance pour tous les hommes, ²pour les rois et pour tous ceux qui exercent l'autorité, afin que nous puissions mener une vie paisible et tranquille, en toute piété et en tout respect. ³Voilà ce qui est bon et agréable devant Dieu notre Sauveur ».

Le Nouveau Testament nous enseigne que les chrétiens sont citoyens de deux royaumes, le terrestre et le spirituel, et qu'ils ont des droits et des responsabilités dans les deux sphères.

Durant l'année électorale, la réalité de ce que signifie être un citoyen chrétien devrait être évidente pour chaque chrétien. Parmi nos principales préoccupations concernant la désintégration du tissu moral de notre société, il y a le fait qu'à un rythme vertigineux, des juges activistes ignorent la volonté du peuple américain.

Plutôt que de désespérer, les citoyens chrétiens devraient savoir qu'ils peuvent faire la différence face à cette attaque contre le mariage traditionnel, qui est le fondement même de notre république. Nos tentatives de faire une différence dans la société découlent du fait qu'en tant que chrétiens, nous avons des responsabilités dans le domaine de la nation ainsi que dans le domaine du royaume du Seigneur.

En tant que citoyens du ciel (Philippiens 3:20), nous sommes appelés à être obéissants au Seigneur (Exode 20:1-5). Notre Seigneur nous a commandé d'être le sel de la terre et la lumière du monde (Matthieu 5:13-16). Cela exige des chrétiens qu'ils s'engagent activement dans le monde, préservant comme le sel et illuminant comme la lumière.

Le fait d'être un disciple obéissant n'exige rien de moins qu'un engagement actif et fondé sur des principes dans la société, y compris une participation éclairée au processus d'élaboration des politiques publiques de notre pays.

Comme l'a dit John Stott, il y a un grand besoin de plus de penseurs chrétiens dans la société contemporaine qui se lanceraient dans le débat public et de plus d'activistes chrétiens qui organiseraient des groupes de pression pour promouvoir le travail de persuasion. Leur motivation sera profondément chrétienne : une vision du Dieu qui se soucie de la justice, de la compassion, de l'honnêteté et de la liberté dans la société, et une vision de l'homme, créé à l'image de Dieu bien que déchu, et moral, responsable, avec une conscience à respecter. C'est par zèle pour Dieu et amour pour l'homme qu'ils chercheront le renouveau de la société. Stott, J. (1990). *Involvement: Being a Responsible Christian in a Non-Christian Society*. Bantam Books.

Toute cette implication doit être soutenue par la prière pour les élus, la prière pour la sagesse et la guidance personnelles, et la prière pour notre nation (1 Timothée 2:1-3).

Mais nous savons que le processus peut et doit commencer par chacun d'entre nous. Suivez Son instruction de prier, de Le chercher et de renoncer à ses mauvaises voies (2 Chroniques 7:14). Ensuite, agissez en fonction de vos prières.

Informez-vous sur les positions des différents candidats sur les enjeux ; puis votez en conséquence. De plus en plus d'Américains s'inquiètent à juste titre de la menace que pose l'élargissement de la définition du mariage pour la famille. Pourtant, de nombreux politiciens d'aujourd'hui refusent de reconnaître cette préoccupation.

Ils considèrent le mariage comme une question à définir par l'État, et non comme une institution établie par Dieu. Leur vision de la culture sur cette question et sur de nombreuses autres est très différente de celle de la plupart des Américains.

Les élections sont une question de valeurs, de convictions. Les enjeux sont bien trop importants pour que les chrétiens laissent leurs préférences et préoccupations personnelles dicter leur vote. Tout d'abord, nous devons nous inscrire pour voter ; ensuite, nous devons nous renseigner sur les positions des candidats qui nous préoccupent, et enfin, nous devons voter.

En résumé : Ne votez pas selon vos origines géographiques. Ne votez pas selon votre affiliation confessionnelle. Ne votez pas selon votre portefeuille. Ne votez pas selon votre parti. Votez selon vos valeurs. Votez selon vos convictions. Votez selon vos croyances. Si les candidats veulent votre vote, qu'ils l'obtiennent à l'ancienne : qu'ils le méritent. Qu'ils prennent des engagements, et ensuite votez en fonction de vos croyances et convictions !

Notre temps sur cette terre est limité

Psaumes 39:4 « Éternel ! dis-moi quel est le terme de ma vie, quelle est la mesure de mes jours ; que je sache combien je suis fragile ».

Le psalmiste a écrit : « Éternel ! Dis-moi quel est le terme de ma vie, quelle est la mesure de mes jours ; que je sache combien je suis fragile » (Psaumes 39:4).

Le psalmiste nous dit aussi de compter nos jours afin que nous développions un cœur de sagesse. En fait, la Bible nous dit de ne pas compter sur demain. Ainsi, notre temps sur cette terre est précieux car il est très limité.

Tirez le meilleur parti de chaque opportunité

Paul nous dit que nous devons « tirer le meilleur parti de chaque opportunité », et il en donne une raison : « car les jours sont mauvais ».

Jésus a dit que Satan est un voleur et un brigand, et l'une des choses qu'il essaie de nous voler est notre temps, car le temps est une possession très précieuse.

Pensez simplement au temps gaspillé à pêcher. Pensez au temps gaspillé dans les bars ou dans les casinos ou dans des relations superficielles. Pensez au temps gaspillé à commérer ou à répandre des rumeurs.

Ce n'est pas seulement le péché qui fait des demandes sur notre temps. Parfois, même les bonnes choses peuvent faire des demandes.

Jésus est allé chez Marie, Marthe et Lazare. Il s'est assis pour enseigner, et Marie était assise à Ses pieds, absorbant chaque mot. Pendant ce temps, Marthe était dans la cuisine en train de préparer le dîner.

Vous connaissez l'histoire. Marthe s'énerve parce que Marie n'est pas dans la cuisine non plus. Alors, elle se plaint à Jésus : « Seigneur, cela ne te fait-il rien que ma soeur me laisse seule pour servir ? Dis-lui donc de m'aider » (Luc 10:40).

« Le Seigneur lui répondit : Marthe, Marthe, tu t'inquiètes et tu t'agites pour beaucoup de choses. Une seule chose est nécessaire. Marie a choisi la bonne part, qui ne lui sera point ôtée » (Luc 10:41-42).

Marthe commettait-elle un péché en préparant un repas dans la cuisine ? Non, bien sûr que non ! Mais voici le problème. Elle était tellement préoccupée par ce qu'elle faisait qu'elle n'a pas réalisé que Dieu était dans son salon. Nous sommes tellement pris par l'ici et maintenant que nous ne parvenons pas à traiter l'éternel, les choses qui dureront pour toujours.

Gary Freeman raconte l'histoire d'une fille qui est allée à l'université et qui détestait ça.

Mais elle se disait : « Si je peux un jour sortir de l'université, me marier et avoir des enfants, je sais que je pourrai enfin profiter de la vie ». Alors, elle a persévéré. Elle allait en cours tous les jours et a finalement obtenu son diplôme. Puis elle s'est mariée et a eu des enfants, découvrant que les enfants demandent beaucoup de travail. Elle s'est alors dit : « Si je peux juste élever ces enfants, je pourrai me détendre et vraiment profiter de la vie ».

Puis, à peu près au moment où les enfants entraient au lycée, son mari a dit : « Devine quoi ? Nous n'avons pas assez d'argent pour envoyer nos enfants à l'université. Je suppose que tu vas devoir trouver un emploi ». Elle ne voulait pas, mais elle savait qu'il avait raison, et ils avaient besoin d'argent, alors elle est allée travailler. Et elle détestait ça.

Mais elle se disait : « Si je peux juste faire sortir ces enfants de l'université et payer toutes les factures, alors je pourrai arrêter de travailler et vraiment profiter de la vie ».

Finalement, le dernier enfant a obtenu son diplôme universitaire et toutes les factures ont été payées. Elle est donc allée dans le bureau de son employeur et a dit : « Je démissionne ». Il a répondu : « Oh, vous ne voulez pas démissionner maintenant. Si vous restez avec nous, dans seulement huit ans de plus, vous aurez une pension pour le reste de votre vie ».

Elle a pensé : « Eh bien, je ne veux pas travailler huit ans de plus, mais il y a tout cet argent là, et je ne peux vraiment pas refuser cette opportunité ». Alors, elle a travaillé huit années supplémentaires. Finalement, elle a acheté un petit chalet de retraite.

Puis ils se sont assis sur la balancelle de leur véranda et ont regardé l'album photo familial en rêvant du bon vieux temps.

Une nouvelle année s'étend devant nous. Aide-nous, Seigneur, à mettre ce temps à profit. Alors, bonne année !

Seigneur, aide-nous s'il te plaît à utiliser les 8 760 heures de chaque année de la manière la plus sage et la plus efficace possible pour toi et pour ta gloire.

Quelqu'un a dit : « La vie, c'est ce qui vous arrive pendant que vous faites des projets pour faire autre chose ».

Avez-vous besoin d'un lifting spirituel ?

Psaumes 42:11 : « Pourquoi t'abats-tu, mon âme, et gémis-tu au dedans de moi ? Espère en Dieu, car je le louerai encore ; Il est mon salut et mon Dieu ».

David a déclaré avec audace : « Dieu… est la santé de mon visage » (Psaumes 42:11). Et il répète la même déclaration dans un autre psaume : « Dieu… est la santé de mon visage » (Psaumes 43:5). Dans l'hébreu original, la traduction correcte de ces deux versets est « Dieu est le salut de mon visage ! ». Votre visage est un panneau d'affichage qui annonce ce qui se passe dans votre cœur. Toute la joie ou le tumulte qui est en vous se reflète dans votre physionomie. Quand je parle de physionomie, je parle de l'expression faciale, du langage corporel et du ton de la voix.

Par exemple, lorsque notre esprit est rempli des soucis de la vie (finances, relations) nous avons tendance à nous avachir. Nous avons l'air préoccupé. Nos sourcils sont froncés. Certaines personnes peuvent dire que nous avons l'air triste.

Maintenant, je remercie Dieu pour Son grand salut, pour avoir racheté notre âme, notre esprit, et même notre corps. Mais beaucoup d'entre nous ont besoin de faire sauver leur visage ! Nous avons besoin d'un lifting du Saint-Esprit car nos visages donnent le mauvais message au monde !

Vous avez probablement entendu dire qu'une aspirine par jour est bonne pour le cœur. Elle aide à arrêter la coagulation du sang, qui peut provoquer des crises cardiaques. Mais maintenant, la recherche a conduit aux « liftings à l'aspirine ». Le Dr Nageena Malik, scientifique à Oxford, en Angleterre, a effectué des recherches qui montrent que l'aspirine aide à prévenir les rides en maintenant la souplesse de la peau, en empêchant le collagène de se rigidifier et en bloquant certains des effets néfastes du sucre sur l'organisme.

Ainsi, la science affirme maintenant que vous pouvez réellement paraître plus jeune en prenant de l'aspirine. Ou si vous voulez un changement plus radical de votre apparence et que vous en avez les moyens, vous pouvez payer un chirurgien esthétique pour modifier vos traits. Peu importe le type de lifting que vous obtenez (médicinal, chirurgical ou autre) ; sans la joie du Christ, la tension n'est pas levée. Votre physionomie reflétera toujours ce qui se passe à l'intérieur de votre cœur ! Vous ne pouvez pas cacher vos émotions intérieures. Votre visage est le reflet de votre âme !

Rien ne durcit autant un visage que le péché et l'inquiétude !

Pourquoi un tel changement de physionomie ? « La sagesse d'un homme fait briller son visage, et la sévérité de sa face est changée » (Ecclésiaste 8:1). Je considère que la « sagesse » dans ce verset signifie Jésus-Christ. En effet, la présence même du Christ dans votre cœur a un impact direct sur votre visage ! Elle affecte votre démarche, votre façon de parler et même le ton de votre voix.

Je crois que la nôtre est une « religion du visage ». Lorsque nous permettons à Jésus d'être le Seigneur de tout (en Lui remettant tous nos soucis, en faisant pleinement confiance à Sa Parole et en nous reposant dans Son amour), notre apparence devrait subir un profond changement. Un calme tranquille devrait commencer à rayonner de notre physionomie. L'écriture nous donne de nombreux exemples de difficultés qui ont été changées.

Lorsque Anne a déposé son fardeau, « son visage ne fut plus le même » (1 Samuel 1:18). Son visage n'était plus marqué par le chagrin ou la tristesse. La joie rayonnait d'elle ! Lorsque Étienne se tenait devant des hommes hostiles et en colère dans le sanhédrin, « son visage leur parut comme celui d'un ange » (Actes 6:15).

Étienne se tenait parmi les incroyants avec lʾéclat de Jésus-Christ, et la différence était claire pour tous ! Je suis convaincu que nous avons l'opportunité de laisser notre physionomie témoigner de la fidélité de Dieu dans nos vies.

JUILLET

Qu'est-ce que Dieu a fait pour les États-Unis ?

Nous ne devons jamais oublier ce que Dieu a fait dans le passé pour les États-Unis. Nous devons ouvrir les yeux pour voir ce que Dieu fait pour les États-Unis dans le présent.

Ensuite, nous devons nous rendre compte de ce que Dieu fera aux États-Unis à l'avenir. Nous chantons « My Country, 'Tis of Thee » (« Mon pays, c'est de toi »).

Nos premières colonies étaient à Jamestown, en Virginie. Le premier bâtiment communautaire était une église, le seul bâtiment dont les murs sont encore debout.

Le premier acte des puritains à Plymouth Rock a été de s'agenouiller, de louer et de consacrer la nouvelle colonie.

Roger Williams (un ministre baptiste) a établi le Rhode Island.

William Penn (un Quaker) a établi la Pennsylvanie, New York, le Delaware, le Connecticut, la Caroline du Nord, la Caroline du Sud et la Géorgie. Will Penn, en rédigeant les politiques gouvernementales pour la Pennsylvanie, s'est assuré que « tous les trésoriers, juges et tous les élus professaient la foi en Christ ».

Nos pères fondateurs ont constamment parlé de la nécessité d'utiliser la Bible et les valeurs judéo-chrétiennes pour définir et préserver cette nation :

Douze des treize colonies originales ont incorporé l'intégralité des Dix Commandements dans leurs codes civils et pénaux.

Le bâtiment de la Cour suprême, construit en 1935, a une sculpture sur sa façade de Moïse et des Dix Commandements.

À la Chambre des représentants, en face du siège du Président, se trouve une sculpture de Moïse.

Le président George Washington a dit : « Il est impossible de gouverner le monde sans Dieu et la Bible ».

En 1782, le Congrès américain a voté en faveur d'une résolution recommandant et approuvant l'utilisation de la Bible dans les écoles.

Patrick Henry, le premier gouverneur de Virginie et membre du Congrès continental, a déclaré : « On ne saurait trop insister sur le fait que cette grande nation a été fondée, non par des religieux, mais par des chrétiens. Non sur des religions, mais sur l'Évangile de Jésus-Christ ». La Constitution se termine par « en l'année de notre Seigneur ». La devise nationale est « In God We Trust » (« Nous avons confiance / foi en Dieu »).

Le serment d'allégeance de la nation inclut la phrase « une nation sous Dieu ».

Dieu a donné naissance aux États-Unis. En 1776, alors que le commandant britannique William Howe déplaçait trente mille soldats britanniques vétérans pour prendre New York, le général George Washington n'avait que dix-huit mille troupes inexpérimentées.

Les troupes britanniques débordent George Washington. Washington avait perdu mille hommes et deux généraux de haut rang. Les troupes de Washington étaient découragées. Sans aucune raison, les Britanniques ont arrêté leurs troupes.

Le seul moyen de s'échapper était l'East River, une rivière dangereuse. Le temps était très mauvais et la traversée semblait impossible.

Washington a appelé à une réunion de prière pour demander l'aide et les conseils de Dieu. Washington a décidé de tenter la traversée du fleuve. Il y avait une tempête ; puis soudain, à onze heures du soir, le vent est tombé et la pluie s'est arrêtée. Le fleuve était lisse comme du verre. Tout le monde a commencé à traverser, et une légère brise s'est levée derrière eux pour les pousser.

Même avec ce miracle, il serait encore impossible de faire traverser toutes les troupes jusqu'à l'île de Manhattan avant l'aube. Juste avant l'aube, un épais brouillard les a enveloppés, les cachant des troupes britanniques.

Lorsque le brouillard s'est levé, le commandant britannique Howe a été choqué. Les troupes de Washington s'étaient échappées. Washington et ses hommes ont reconnu les bénédictions de Dieu sur les États-Unis.

Allen Star de l'Arkansas a érigé un monument aux 241 militaires tués dans le bombardement du quartier général des Marines au Liban. Avec 2 000 dollars et des briques d'occasion, il a construit un monument de huit pieds sur quatre avec une plaque de bronze qui dit : « N'oublions pas que la paix a un prix ».

Votre liberté n'est pas gratuite ; demandez à un parent qui a perdu un fils à la guerre. Demandez à un enfant qui a perdu son père. Demandez à un homme qui a perdu une jambe ou un bras ou qui a été blessé à vie.

Qu'a fait Dieu ? Il a donné naissance aux États-Unis et les a bénis.

Ce que Dieu fait pour les États-Unis

Dieu observe les États-Unis. Il voit le chemin que nous avons parcouru depuis notre naissance en 1776.

Aux yeux de Dieu, sommes-nous meilleurs pour Lui ou amers envers Lui ? Combien de temps les bénédictions de Dieu continueront-elles à venir sur les États-Unis ?

Aujourd'hui, au milieu de notre monde confus, ces mots résonnent encore. Que signifie-t-il ?

Jésus est le Chemin, parlant aux personnes perdues. Le monde enseigne qu'il n'y a pas d'absolus. Jésus nous dit qu'il y en a. Que Dieu bénisse les États-Unis.

Quand Dieu juge-t-il une nation ?

Le prophète Michée était préoccupé par quelque chose. Il voulait que la nation d'Israël sache que le Dieu qu'ils servaient n'était pas seulement un Dieu d'amour, de miséricorde et de grâce, mais aussi un Dieu de jugement.

Et bien qu'Il préfère bénir et étendre la grâce et la miséricorde, à cause du péché et de la rébellion, la patience de Dieu a finalement été épuisée.

Ne vous méprenez pas. J'aime les États-Unis, et je crois toujours que c'est le meilleur endroit où vivre sur terre. Je suis optimiste quant à nos possibilités pour l'avenir, mais je pense que nous devrions être réalistes. Et aimer les États-Unis, c'est aussi vouloir les sauver ! Ce qui nous amène à ces grandes questions. Quand Dieu juge-t-il finalement une nation ? Que cherche-t-Il ?

En cherchant dans les Écritures des réponses à ces questions majeures, nous constatons que le prophète Michée a désigné trois groupes de personnes qui ont attiré le jugement de Dieu.

Politiciens corrompus

Si Michée parlait à Washington DC aujourd'hui, je pense qu'il dirait quelque chose comme ceci : « Vous acceptez des croisières et des vacances comme pots-de-vin de la part des lobbyistes afin de soutenir des projets de loi qui ne profitent pas à vos électeurs... Vous faites des chèques sans provision auprès de vos propres banques privées et vous attendez ensuite que l'argent des contribuables vienne vous renflouer... Vous vous souciez plus de la chouette tachetée que du bébé à naître... Vous punissez les gens qui travaillent dur en les taxant davantage, et vous récompensez les gens qui ne veulent pas travailler en leur donnant plus d'aides ; j'ai dit « qui ne veulent pas travailler », pas « qui ne peuvent pas travailler » parce qu'il y a une différence... Vous soutenez une législation qui expulse Dieu de l'école tout en exigeant des subventions des contribuables pour promouvoir des programmes homosexuels, avec lesquels la plupart de vos électeurs chez eux ne sont pas d'accord ! ».

Prédicateurs compromettants

Pour le deuxième groupe, Michée se tourne vers les prédicateurs compromettants. Dans Michée 3:5, Michée remet en question le sujet des prédicateurs. La paix ? Devraient-ils prêcher la paix alors que le jugement arrive ? « Tout va bien », s'écrient-ils. Les prédicateurs d'alors et d'aujourd'hui savent que tout ne va pas bien ; cependant, ils continuent de prêcher que Dieu est amour et omettent ou semblent oublier que l'enfer est aussi réel, tout comme le jugement.

Personnes complaisantes

Enfin, Michée pointe du doigt les personnes complaisantes. Le peuple d'Israël disait : « Nous savons que les politiciens sont corrompus, et nous savons que les prédicateurs sont compromettants. Mais ce n'est pas grave parce que nous allons bien, l'économie est forte, et nous sommes heureux. C'est bon ».

Aucun mal ne peut nous toucher. Le plus grand péché aux États-Unis aujourd'hui n'est ni les drogues illégales, ni l'alcool, ni l'avortement ; bien que je sois contre tout cela. Le plus grand péché aux États-Unis aujourd'hui est la complaisance avec laquelle le peuple de Dieu regarde les États-Unis aller en enfer !

Le Seigneur n'est-il pas parmi nous ? Notre nation a un héritage chrétien ! Nous avons des racines pieuses ! Israël aussi ! Et c'est aussi le cas de nombreuses autres nations que Dieu a jugées ou complètement anéanties. La chose la plus patriotique que nous puissions faire est de nous repentir de notre complaisance, d'agir, de rejoindre et de soutenir une église qui prêche la Bible, de gagner des âmes, et de ne jamais oublier de remercier tous ceux qui ont sacrifié pour la liberté dont vous et moi jouissons. Les États-Unis doivent revenir à la foi de nos pères, en se rappelant que les États-Unis sont le fondement de la liberté pour le monde entier. Que Dieu bénisse les États-Unis.

Vieille Gloire

Il y a plusieurs années, après le décès de la mère de ma femme, la famille voulait offrir quelque chose à l'église en sa mémoire. Ils ont décidé d'offrir un drapeau. Un beau-frère a insisté pour que ce soit le drapeau chrétien, tandis que ma femme a insisté pour que ce soit le drapeau américain. Après quelques discussions, ma femme l'a emporté.

Je n'ai jamais su exactement pourquoi elle tenait tant au drapeau américain plutôt qu'au drapeau chrétien jusqu'à la semaine dernière, lorsqu'il fut temps de remplacer la « Vieille Gloire » par un nouveau drapeau. Mon beau-frère l'a descendu, l'a apporté dans mon bureau et m'a tendu une extrémité pendant qu'il le pliait délicatement, s'assurant qu'il ne touche pas le sol. Tenir son extrémité usée et en lambeaux m'a donné un sentiment d'émerveillement, car j'ai participé à une cérémonie dont je n'ai pu qu'apercevoir la véritable teneur.

Il y avait plusieurs personnes dans la pièce, mais j'étais le seul à être absorbé par ce moment. Après que mon beau-frère ait plié le drapeau, il l'a soigneusement posé sur une chaise. Je me suis demandé ce qui allait arriver au vieux drapeau maintenant qu'il avait bien servi son but.

On m'avait dit qu'un drapeau devait être détruit, bien que cela me semblait indicible. Je suis parti ce matin-là avec le drapeau toujours posé sur la chaise, mais je savais que quoi qu'il arrive, ce serait fait correctement et qu'il serait entre de bonnes mains.

Dans le discours de Lincoln prononcé lors de la dédicace du cimetière de Gettysburg, le 19 novembre 1863, il a dit en partie : « Nous ne pouvons dédier, nous ne pouvons consacrer, nous ne pouvons sanctifier ce sol. Les braves, vivants et morts, qui se battirent ici le consacrèrent bien au-delà de notre faible pouvoir de magnifier ou de minimiser. Le monde ne sera guère attentif à nos paroles, ni ne s'en souviendra longtemps, mais jamais il ne pourra oublier ce qui fut accompli ici ».

Est-ce différent aujourd'hui ? Nous sommes en guerre ; agissons en conséquence. Il y a différentes opinions concernant la guerre, mais un aspect ne change jamais : les hommes et les femmes prêts à mourir pour une cause en laquelle ils croient. Pourtant, chez nous, nous vaquons à nos occupations habituelles comme si la guerre n'existait pas. Ce 4 juillet, lorsque nous ferons un barbecue avec notre famille et nos amis, prenons un moment pour remercier Dieu pour un cadeau aussi précieux que la liberté et pour nos hommes et femmes courageux qui perpétuent ce cadeau.

Je pense que ma femme a peut-être vu quelque chose qui m›avait échappé. Le drapeau chrétien existera toujours, tout comme la Bible, car Jésus l›a promis : « Le ciel et la terre passeront, mais mes paroles ne passeront point » (Marc 13:31).

Le drapeau américain n'offre aucune garantie, aucune promesse de lendemain. Il y a eu des moments où l'Amérique a frôlé la défaite et a pris de nombreuses raclées, mais la bannière étoilée est plus forte que jamais. Faisons tout ce qui est en notre pouvoir pour la maintenir flottante.

Que Dieu bénisse l'Amérique, et continuons à prier pour l'Amérique.

Respectez le drapeau

Lorsque vous verrez la bannière étoilée, mon fils, levez-vous et enlevez votre chapeau. Quelqu'un pourrait ricaner. C'est dans le sang de certains de se moquer de toute expression de noble sentiment.

Vous pouvez blasphémer dans la rue et tituber en état d'ébriété dans les lieux publics, et les passants ne feront pas attention à vous ; mais si vous vous mettez à genoux et priez le Dieu tout-puissant, ou si vous restez tête nue pendant qu'une compagnie de vieux soldats défile avec des drapeaux au vent, certaines personnes penseront que vous faites de l'esbroufe.

Mais ne vous en faites pas ! Quand la « Vieille Gloire » passe, saluez-la et laissez-les penser ce qu'ils veulent ! Lorsque vous entendez un orchestre jouer « The Star-Spangled Banner » dans un restaurant ou une salle à manger d'hôtel, levez-vous, même si vous êtes seul ; restez debout et n'en ayez pas honte non plus !

Car de tous les signes et symboles depuis le début du monde, il n'y en a aucun autre aussi plein de sens que le drapeau de ce pays. Ce morceau de tissu rouge, blanc et bleu représente cinq mille ans de lutte vers le haut. C'est la fleur épanouie des âges de combat pour la liberté. C'est la plante centenaire de l'espoir humain en fleur. Votre drapeau représente l'humanité et l'égalité des chances pour tous les fils de l'homme. Bien sûr, nous n'avons pas encore atteint ce but. Il y a encore beaucoup d'injustices parmi nous, beaucoup de coutumes insensées et cruelles du passé qui nous collent encore, mais le seul espoir de redresser les torts des hommes réside dans le sentiment produit dans nos poitrines par la vue de ce drapeau.

Les autres drapeaux signifient un passé glorieux ; ce drapeau, un avenir glorieux. Ce n'est pas tant le drapeau de nos pères que le drapeau de nos enfants, et de tous les enfants des enfants encore à naître. C'est le drapeau de demain. C'est le signal du « bon temps qui arrive ». Ce n'est pas le drapeau de votre roi, c'est votre drapeau et celui de tous vos voisins. N'ayez pas honte de vous étrangler et de pleurer en la voyant flotter aux mâts de nos navires sur toutes les mers ou sur tous les mâts de la République. Vous n'aurez jamais d'émotion plus digne. Respectez-la comme vous respecteriez la signature de la divinité.

Écoutez, mon fils ! L'orchestre joue l'hymne national, « The Star-Spangled Banner » ! Ils ont libéré la « Vieille Gloire » là-bas. Levez-vous, et d'autres se lèveront avec vous.

Cet hommage au drapeau est offert au pays en appel à tous les hommes et femmes de toutes races, couleurs et langues afin qu'ils puissent comprendre que notre drapeau est le symbole de la liberté et apprendre à l'aimer.

(Ce texte a été écrit par Alvin M. Owsley, ancien commandant national de l'American Legion).

On vous a tant donné en Jésus-Christ !

Jean 1:12 « Mais à tous ceux qui l'ont reçue, à ceux qui croient en son nom, elle a donné le pouvoir de devenir enfants de Dieu ».

Vous avez reçu tant de choses en Jésus-Christ ! Vous n'avez aucune raison légitime de ne pas réussir magnifiquement dans la vie car vous avez tant de choses en votre faveur ! En fait, quelques-unes des choses qui t'ont été données en Jésus-Christ devraient suffire à t'encourager !

Jean 1:12 dit : « Mais à tous ceux qui l'ont reçue, à ceux qui croient en son nom, elle a donné le pouvoir de devenir enfants de Dieu ».

Quand vous avez cru en Lui, vous avez reçu un pouvoir divin ; vous êtes devenu un enfant de Dieu. Le mot « pouvoir » vient du mot grec « exousia ». Il décrit une autorité ou une influence déléguée.

Pensez simplement que le jour où vous avez choisi de faire de Jésus votre Seigneur et Sauveur est le jour où Il vous a délégué le pouvoir et l'autorité de devenir un enfant de Dieu. Pensez-y : au moment de votre décision, tout le pouvoir, l'autorité et l'influence divine qui résident dans le puissant nom de Jésus-Christ sont venus vivre en vous !

Alors plutôt que de vous plaindre d'être faible et sans importance, il est temps de commencer à revendiquer ce qui est stocké en vous ! La même autorité et puissance explosive, dynamique et phénoménale qui réside en Jésus vous a maintenant été déléguée pour résider en vous ! Rappelez-vous que c'est la même puissance que Jésus a utilisée pour mener une vie sans péché ici sur terre. Comme si cela ne suffisait pas, 2 Corinthiens 5:17 déclare : « Si quelqu'un est en Christ, il est une nouvelle créature. Les choses anciennes sont passées ; voici, toutes choses sont devenues nouvelles ».

Cela dit que vous êtes une toute nouvelle créature si vous êtes en Jésus-Christ. Le mot « nouvelle » vient du mot grec « kainos », et il décrit quelque chose de tout nouveau ou récemment fait. Il porte aussi l'idée de quelque chose de supérieur. Cela signifie que lorsque

Jésus-Christ est entré dans votre vie, vous avez été rendu tout neuf ! Le nouveau vous est supérieur à l'ancien vous !

En fait, vous êtes si nouveau que ce verset vous appelle une nouvelle « créature ». Le mot « créature » vient du mot grec « keisis ». C›est le même mot utilisé pour décrire la création du monde. Quand Dieu a créé l›univers, il n›a utilisé aucun matériau existant ou ancien élément pour le faire. Tout dans la création était nouvellement fait. Maintenant, ce même mot est utilisé pour décrire ce qui vous est arrivé le jour où vous avez été sauvé. Tout en vous est nouveau ! Vous n›êtes pas une version modifiée, corrigée et améliorée de ce que vous étiez. Vous êtes une création absolument toute nouvelle ! Vous êtes complètement détaché de la personne que vous étiez avant Christ.

Le Psaume 103:12 vous dit à quel point vos anciennes façons ont été éloignées de vous : « Autant l'orient est éloigné de l'occident » quand Jésus-Christ est entré dans votre vie. Il vous a créé pour être libre du passé, libre des effets négatifs de votre famille, et libéré de tous les anciens blocages ; en bref, une toute nouvelle créature !

Alors, arrêtez de revendiquer les problèmes génétiques de votre famille, les maladies héréditaires, les troubles de comportement dysfonctionnels, les blocages, les malédictions, ou toute autre chose négative qui faisait partie de votre vie avant Christ. Cette ancienne personne n'existe plus. Elle est morte. Vous êtes tout nouveau. Donc, si nous sommes nouveaux et remplis de la puissance de Dieu, vous devriez commencer à utiliser cette puissance impressionnante que Dieu fournit, dès maintenant !

Joyeux anniversaire, Amérique

Joyeux anniversaire, Amérique ! Vous aurez 245 ans. C'est une longue période pour qu'une nation reste libre. Mais si l'on se place dans une perspective historique à long terme, on s'aperçoit que vous n'êtes qu'un *enfant* parmi les nations. L'Égypte, la Chine, le Japon, Rome ou la Grèce... Ils ont tous eu des histoires beaucoup plus longues, mais pas si libres.

Joyeux anniversaire, Amérique ! Toute votre histoire ne s'étend que sur quatre générations. Quand Thomas Jefferson est mort, Abraham Lincoln était un jeune homme de dix-sept ans. Quand Lincoln a été assassiné, Woodrow Wilson était un garçon de huit ans. Au moment où la nation pleurait la mort du président Wilson, Ronald Reagan était un garçon de douze ans. Même si votre histoire est courte, Dieu vous a richement bénis. Vous êtes la nation la plus riche du monde. Vos ressources naturelles restent les plus grandes de toutes les nations.

Joyeux anniversaire, Amérique ! Tu as appris que la grandeur ne se mesure pas en argent et en or, en rivières et en forêts, ni même en bombes et en missiles. La grandeur est une qualité intérieure que l'on trouve dans ce que l'on est, plutôt que dans ce que l'on possède.

Joyeux anniversaire, Amérique ! La noble dame dans le port de New York se tient fièrement avec sa flamme levée pour que tous la voient ; un cadeau des Français, elle inspire encore même ceux d'entre nous qui sont nés ici.

Joyeux anniversaire, Amérique ! Votre drapeau flotte fièrement dans l'air libre ; un symbole de tout ce qui fait votre grandeur. Que ce soit lors d'un match de baseball, d'un rassemblement politique, d'un concert ou d'un service religieux, le drapeau nous fait toujours frissonner.

Joyeux anniversaire, Amérique ! Votre monnaie porte toujours la devise « In God We Trust » (« Nous avons confiance / foi en Dieu »). Puissions-nous apprendre à transférer cette devise de nos pièces à nos cœurs !

Joyeux anniversaire, Amérique ! Que vos citoyens abandonnent suffisamment leur esprit d'indépendance pour se tourner vers le Seigneur Dieu Tout-puissant afin d'obtenir la liberté intérieure qu'Il est le seul à pouvoir leur donner.

Joyeux anniversaire, Amérique ! Que vos églises continuent à offrir l'espoir et le salut aux perdus et aux opprimés.

Joyeux anniversaire, Amérique ! Que votre aigle, symbole de puissance, de force et d'indépendance, se souvienne que même lui est une création de Dieu.

La génération Y

Un jeune m'a dit qu'il faisait partie de la génération montante : celle qui suit la Génération X, qui n'a pas encore reçu de nom. Jusqu'à présent, il semble que la plupart des gens se rallient à l'idée de nous appeler la « Génération prochaine ». Je crois savoir pourquoi. Les générations plus âgées espèrent que nous prendrons sans réfléchir notre place comme les « prochains » dans la file. Ainsi, ils n'auront pas à expliquer pourquoi ma génération a dû vivre tant de douleur et de chagrin.

« Quel chagrin ? », vous direz. « Ne savez-vous pas que vous avez grandi à une époque de grande prospérité ? ». Oui, nous le savons. Croyez-moi, on nous l'a inculqué dès la naissance. Malheureusement, la douleur et le mal dont je parle ne peuvent pas être résolus avec de l'argent.

Vous avez essayé pendant des années d'acheter notre bonheur, mais ce n'est que temporaire.

L'argent n'est pas la réponse, et il est temps que les gens commencent à admettre leur culpabilité pour avoir failli à ma génération. J'admets que je n'avais pas prévu d'écrire ceci. J'allais le ranger dans un coin de mon esprit et tomber victime de votre mentalité du « prochain ».

Mais après le massacre à Littleton, Colorado, j'ai réalisé qu'en tant que, membre de cette génération qui tue sans remords, j'avais le devoir de défier tous mes aînés d'expliquer pourquoi ils ont laissé les choses devenir si mauvaises.

Laissez-moi vous dire ceci : Ces questions ne me représentent pas seulement moi, mais toute une génération qui lutte pour grandir et donner un sens à ce monde. Nous avons tous des questions ; nous voulons tous des explications.

Les gens peuvent nous étiqueter « Génération prochaine », mais nous sommes plus justement la « Génération ‹ pourquoi ? › ».

Pourquoi la plupart d'entre vous ont-ils menti en faisant le vœu « jusqu'à ce que la mort nous sépare » ?

Pourquoi vous leurrez-vous en croyant que le divorce est vraiment meilleur pour les enfants à long terme ?

Pourquoi tant de parents divorcés passent-ils plus de temps avec leur nouveau petit(e) ami(e) qu'avec leurs propres enfants ?

Pourquoi succombez-vous à l'idée que les enfants sont aussi bien élevés par un parfait étranger dans une garderie que par leur propre mère ou père ?

Pourquoi méprisez-vous les parents qui décident de quitter leur travail pour rester à la maison et élever leurs enfants ?

Pourquoi la télévision parle-t-elle le plus lors des repas familiaux ? Pourquoi le travail est-il plus important que votre propre famille ?

Pourquoi l'argent est-il considéré comme plus important que les relations ?

Pourquoi le temps de qualité ne dure-t-il généralement pas plus qu'une conversation de cinq à dix minutes par jour ?

Pourquoi essayez-vous de compenser le manque de temps que vous passez avec nous en nous donnant de plus en plus d'objets matériels dont nous n'avons pas vraiment besoin ?

Pourquoi votre travail (sous forme de téléphone portable, ordinateur portable, etc.) nous accompagne-t-il toujours en vacances ?

Pourquoi avez-vous négligé de nous enseigner des valeurs et la morale ?

Pourquoi n'avez-vous pas vécu des vies morales sur lesquelles nous aurions pu modeler les nôtres ? Pourquoi la religion n'est-elle pas l'un des mots les plus importants dans notre foyer ? Pourquoi jouez-vous à Dieu lorsqu'il s'agit de l'avortement ?

Pourquoi n'avez-vous pas assez confiance en nous pour nous enseigner l'abstinence plutôt que le sexe sans risque ?

Pourquoi nous autorisez-vous à regarder des films violents mais vous attendez-vous à ce que nous conservions une certaine innocence enfantine ?

Pourquoi nous permettez-vous de passer un temps illimité sur Internet mais êtes-vous toujours choqués par notre connaissance de la fabrication de bombes ?

Pourquoi avez-vous si peur de nous dire « non » parfois ?

Pourquoi est-il si difficile pour vous de réaliser que les fusillades à l'école et autres comportements violents juvéniles résultent plus du manque de votre attention que de toute autre chose ?

En vieillissant, je consacre beaucoup de mon temps aux générations futures ; leur besoin de connaître le Christ et d'avoir une relation personnelle avec Lui est vital.

AOÛT

Hé, Rob ! Vous êtes des nôtres ! Bienvenue !

Ne manquez pas cette histoire, elle est réconfortante.
J'ai rencontré Rob Robertson un matin ; son histoire est
incroyable. Je lui ai demandé de la partager avec nos
lecteurs. Attendez ! Cela peut changer votre église.

—Phillip

C'était une chaude après-midi d'été. Mes cheveux pendaient beaucoup
trop longtemps, dégoulinaient et me mettaient de la sueur dans les
yeux. Je n'avais pas le temps de me faire couper les cheveux. J'étais
sale et puant, et j'avais l'air en mauvais état. J'étais dans un quartier
où les chariots de supermarché semblent apparaître. J'en poussais
un pour ramasser les ordures. Qui aurait cru que, quelques mois
auparavant, j'étais propriétaire d'un concessionnaire de voitures
neuves ? Au premier coup d'œil, on aurait pu penser que j'étais
tombé. Durement.

« Hé, Rob ! » Elle connaissait mon nom. Je l'appelais Happy.
Nous avions parlé de nombreuses fois. C'était une femme pauvre
et en haillons, et elle était accro à la méthamphétamine. J'étais un
homme d'affaires. Nous avions des lots en commun, n'est-ce pas ?
Beaucoup de gens dans ce quartier sont dans un état de désespoir.
Je n'ai jamais été pauvre comme elle, mais je sais ce que ressent la
pauvreté d'esprit. Quand j'avais vingt-cinq ans, la drogue a failli
me coûter la vie. Je connais le désespoir. Et je connais la joie. La joie
pure de connaître le Christ. C'est donc avec des mots gentils et un

visage souriant que l'espoir a été offert. Je pense qu'elle et d'autres là-bas étaient attirés par moi parce que j'étais respectueux. J'ai partagé une partie de mon désespoir.

Nous avons parlé de ne pas se droguer, de notre avenir et de Dieu. Et de l'amour qu'Il lui portait. À ma surprise, elle écoutait. Un cœur désespéré a rencontré un cœur disposé. Dieu peut faire beaucoup avec les deux.

« Rob Robertson », dit-elle, « vous êtes des nôtres ! » C‹était vrai. J‹étais dans leur monde. Il y avait beaucoup de travail à faire.

Mon partenaire commercial et moi-même avions acheté une propriété dans cette région afin d'obtenir des liquidités. Dieu avait d'autres choses en tête. Dans ce quartier, il y a beaucoup de pauvreté, de toxicomanie, d'alcoolisme, de colère, de peur et de désespoir.

Je me suis souvenu du temps où j'étais désespéré mais ne savais pas de quoi ou de qui j'étais désespéré. Le fait de me rappeler qu'elle avait dit que je leur ressemblais (« Vous êtes des nôtres ! ») m‹a frappé de plein fouet. Des paroles venant tout droit de Dieu sont sorties des lèvres d‹une pauvre accro à la méthamphétamine. Il m‹a parlé à travers elle.

Je suis rentré chez moi et je me suis mis à genoux. C'était indéniable. J'allais à l'église depuis des années. J'avais récemment prié pour être utilisé d'une manière ou d'une autre, mais je ne savais pas ce que je cherchais. Je n'avais jamais vraiment vécu une vie de foi.

Maintenant, Il m'appelait. J'avais vu comment les gens réagissaient au respect, à la gentillesse, aux paroles d'espoir et à la vérité. Mon cœur changeait. J'ai demandé à Lui (Dieu) de me donner Ses yeux. Pour voir les gens comme Il les voit. Je voulais sincèrement (et je le veux toujours) avoir une vie qui ait du sens. Faire quelque chose de vraiment significatif. Être utilisé d'une manière ou d'une autre pour aider à avoir un impact sur les autres. Il me fait comprendre chaque jour plus clairement que j'appartiens à cet endroit. Si Jésus marchait en chair et en os à Joplin, c'est dans ce quartier qu'il se trouverait. Le corps du Christ est là. Pour faire ce pour quoi il a été conçu.

Les conseils d'un vieux fermier

Vos clôtures doivent être hautes comme un cheval, étanches comme pour un cochon, et solides comme pour un taureau.

Gardez les mouffettes et les banquiers à distance.

La vie est plus simple quand vous labourez autour d'une souche.

Un bourdon est considérablement plus rapide qu'un tracteur John Deere.

Les mots qui s'infiltrent dans votre oreille sont chuchotés, pas criés.

La méchanceté ne survient pas du jour au lendemain.

Pardonnez à vos ennemis. Cela leur embrouille l'esprit.

Ne coincez pas quelque chose que vous savez être plus méchant que vous.

Il ne faut pas être très grand pour être rancunier.

Vous ne pouvez pas reprendre une parole cruelle. Chaque chemin a quelques flaques d'eau.

Quand vous vous vautrez avec les cochons, attendez-vous à vous salir.

Les meilleurs sermons sont vécus, pas prêchés.

La plupart des choses dont les gens s'inquiètent n'arriveront jamais de toute façon.

Ne jugez pas les gens par leurs parents.

Souvenez-vous que le silence est parfois la meilleure réponse.

Vivez une vie bonne et honorable, ainsi quand vous serez plus âgé et que vous y repenserez, vous en profiterez une seconde fois.

N'interférez pas avec quelque chose qui ne vous dérange pas.

Le timing a beaucoup à voir avec le résultat d'une danse de la pluie.

Si vous vous trouvez dans un trou, la première chose à faire est d'arrêter de creuser.

Parfois vous gagnez, et parfois vous sortez.

Le plus grand fauteur de troubles auquel vous aurez probablement à faire face vous regarde dans le miroir chaque matin.

Buvez toujours en amont du troupeau.

Le bon jugement vient de l'expérience, et une grande partie de celle-ci vient du mauvais jugement.

Laisser le chat sortir du sac est beaucoup plus facile que de l'y remettre.

Si vous commencez à penser que vous êtes une personne influente, essayez de donner des ordres au chien de quelqu'un d'autre.

Vivez simplement. Aimez généreusement. Prenez soin profondément. Parlez doucement. Laissez le reste à Dieu.

Ne cherchez pas la bagarre avec un vieil homme ; s'il est trop vieux pour se battre, il vous tuera tout simplement. (Un ami spécial m'a donné ceci, et je voulais vous le transmettre à tous).

La foi

L'un des plus grands poètes américains est Henry Wadsworth Longfellow. L'année 1860 trouva Longfellow heureux dans sa vie, jouissant d'une reconnaissance grandissante, et exalté par l'élection d'Abraham Lincoln, qu'il croyait être le signal du triomphe de la liberté et de la rédemption pour la nation. L'année suivante, la Guerre Civile commença.

Le 9 juillet 1861, la femme de Longfellow, Fanny, était près d'une fenêtre ouverte, scellant des mèches de cheveux de sa fille avec de la cire à cacheter chaude. Soudain, sa robe prit feu et l'enveloppa de flammes. Son mari, dormant dans la pièce voisine, fut réveillé par ses cris. Alors qu'il essayait désespérément d'éteindre le feu et de sauver sa femme, il fut gravement brûlé au visage et aux mains. Fanny mourut le lendemain.

Les brûlures graves de Longfellow ne lui permirent même pas d'assister aux funérailles de Fanny. Sa barbe blanche, qui l'identifiait tant, fut l'une des conséquences de la tragédie ; les cicatrices de brûlures sur son visage rendaient le rasage presque impossible. Dans son journal, le jour de Noël 1861, il écrivit : « Les fêtes sont d'une tristesse indicible ».

En 1862, le nombre de morts de guerre commença à s'accumuler ; et dans son journal de cette année-là, Longfellow écrivit à propos de Noël : « Un joyeux Noël, disent les enfants, mais ce n'est plus pour moi ». En 1863, son fils, qui s'était enfui pour rejoindre l'armée de l'Union, fut gravement blessé et rentra chez lui en décembre. Il n'y a pas d'entrée dans le journal de Longfellow pour ce Noël-là.

Mais le jour de Noël 1864, à l'âge de 57 ans, Longfellow s'assit pour essayer de capturer, si possible, la joie de la saison. Il commença : « J'ai entendu les cloches le jour de Noël. Leurs vieux chants familiers jouent, et sauvages et doux les mots répètent paix sur terre, bienveillance envers les hommes ».

Arrivé au troisième couplet, il fut arrêté par la pensée de l'état de son pays bien-aimé. La bataille de Gettysburg n'était pas loin derrière. Les jours semblaient sombres, et il se demanda probablement : « Comment puis-je écrire sur la paix sur terre, la bienveillance envers les hommes dans ce pays déchiré par la guerre où le frère se bat contre le frère et le père contre le fils ? ». Mais il continua d'écrire ; et qu'écrivit-il ?

Et dans le désespoir, j'ai baissé la tête :

« Il n›y a pas de paix sur terre », ai-je dit.

« Car la haine est forte et se moque du chant de paix sur terre, bienveillance envers les hommes ». Il semble qu›il aurait pu écrire pour notre époque. Puis, comme nous devrions tous le faire, il tourna ses pensées vers Celui qui donne la vraie et parfaite paix et continua d›écrire.

Alors, les cloches sonnèrent plus fort et plus profond : « Dieu n'est pas mort, et il ne dort pas !

Le mal échouera, le bien prévaudra, avec la paix sur terre, bienveillance envers les hommes ».

Et c'est ainsi que naquit ce merveilleux chant de Noël, « J'ai entendu les cloches le jour de Noël ».

Il ne m'a jamais laissé seul

Pouvez-vous imaginer ce que c'était pour l'église de Smyrne de voir leur pasteur bien-aimé et âgé brûler sur le bûcher ? Son nom était Polycarpe. Il était un disciple de l'Apôtre Jean, disciple de Jésus. Cela se voyait immédiatement car il possédait la même tendresse et la même compassion que son mentor.

Polycarpe était évêque de l'église de Smyrne (aujourd'hui en Turquie). La persécution éclata à Smyrne, et de nombreux chrétiens furent donnés en pâture aux bêtes sauvages dans l'arène. La foule impie et assoiffée de sang réclama la carcasse du chef : Polycarpe. Les autorités envoyèrent une équipe de recherche pour le trouver. Il avait été caché par quelques chrétiens, mais les Romains torturèrent deux jeunes croyants jusqu'à ce qu'ils révèlent finalement sa localisation.

Lorsque l'arrivée des autorités fut annoncée, il était encore temps d'emmener Polycarpe ; mais il refusa de partir, disant : « Que la volonté de Dieu soit faite ». Dans l'un des exemples les plus touchants de grâce chrétienne imaginable, Polycarpe accueillit ses ravisseurs comme s'ils étaient des amis. Il parla avec eux et insista pour qu'ils mangent un repas. Il ne fit qu'une seule demande avant d'être emmené : il demanda une heure pour prier.

Les soldats romains qui avaient été envoyés pour l'arrêter écoutèrent sa prière. Leurs cœurs fondirent, et ils lui accordèrent deux heures pour prier. D'autres autorités eurent également le cœur réchauffé lorsque Polycarpe arriva. Le proconsul essaya aussi de trouver un moyen de le libérer. « Maudissez Dieu, et je vous laisserai partir ! » supplia-t-il.

La réponse de Polycarpe fut : « Pendant quatre-vingt-six ans, je L'ai servi. Il ne m'a jamais fait de tort. Comment puis-je alors blasphémer mon Roi qui m'a sauvé ? ». Le proconsul cherche à nouveau une solution.

« Faites ceci, vieil homme, jurez simplement par l›esprit de l›empereur, et cela suffira ».

La réponse de Polycarpe fut : « Si vous imaginez un instant que je ferais cela, alors je pense que vous prétendez ne pas savoir qui je suis. Écoutez-le clairement : Je suis chrétien ».

Le proconsul fit d'autres supplications ; Polycarpe resta ferme. Le proconsul le menaça des bêtes sauvages. La réponse de Polycarpe fut : « Faites-les venir. Je changerais d'avis si cela signifiait passer du pire au meilleur, mais pas pour passer du bien au mal ».

Le proconsul menaça : « Je vous brûlerai vif ! ».

La réponse de Polycarpe fut : « Vous menacez avec un feu qui brûle pendant une heure et s'éteint, mais le jugement sur les impies est éternel ».

Les flammes l'engloutissent. Les témoins remarquèrent sa foi et sa joie. Il fut achevé avec un poignard. Il a été enterré pour la cause du Christ le 22 février 155.

C'était autant un jour de victoire qu'un jour de tragédie. Polycarpe illustra le pouvoir de Le connaître dans les flammes. Comme Jésus l'a dit : « Que sert-il à un homme de gagner le monde entier s'il perd son âme ? ».

Ruth, la femme qui a pris un nouveau départ

Pourquoi sommes-nous mortifiés quand nous réalisons que la vie autour de nous change constamment ? Oh, l'énergie que Dieu doit dépenser pour nous exhorter à poursuivre l'affaire de vivre la vie ! Nous continuons à nous arrêter et à nous garer. Et puis nous nous demandons pourquoi rien ne se passe. Nous sommes restés au même endroit, voilà pourquoi. La vie a continué. Nous devons avancer avec elle. Il est important de se rappeler qu'un événement particulier dans notre vie n'est pas notre destination.

La vie est un voyage. Le paysage et les personnages changent constamment, créant un nouvel avenir qui s'adapte à tous les rebondissements de votre vie. Il n'est pas choqué par le départ de votre compagnon. Il n'est pas consterné par votre soudaine ruine financière. Il n'est pas horrifié par la rébellion de vos enfants. Il n'est pas déstabilisé par votre mauvais rapport médical. Il n'est pas paralysé par la mort de votre être cher. Il a déjà anticipé la solution, préparant un moyen pour vous de surmonter tout ce qui arrive au cours de votre voyage de vie.

Pensez à ceci : Ruth a décida d'aller en Israël (un pays étranger hostile à son peuple) avec Naomi. Je doute que Ruth n'ait jamais quitté Moab auparavant, mais elle partait maintenant. Instinctivement, elle savait qu'il n'y aurait pas de nouvelle vie pour elle à cet endroit. Il était temps de prendre un risque. D'effacer l'ardoise. De se débarrasser de la liste de ce qui aurait dû être pour voir ce qu'il deviendrait.

Souvenez-vous, vous ne pouvez pas avancer et regarder en arrière en même temps. Vous allez soit entrer en collision, soit trébucher sur vos propres pieds. Dans un cas comme dans l'autre, vous risquez d'avoir des ennuis.

Alors, « Ne pensez plus aux événements passés, et ne considérez plus ce qui est ancien » (Ésaïe 43:18). Fini l'ancien, place aux nouveaux départs.

On a dit que vous ne pouvez pas continuer à faire la même chose et vous attendre à des résultats différents. Vous ne pouvez plus ignorer la fin que vos actions invitent continuellement.

Que devriez-vous faire différemment la prochaine fois ? Pour certains qui connaissent des échecs répétés dans une relation ou un rêve, il est temps de s'occuper de soi-même. Demandez-vous quel a été le facteur de répétition dans votre état d'esprit. Dans l'autre personne impliquée. Dans la situation.

Rien de nouveau n'arrivera si vous insistez sur votre ancienne attitude. Jésus a dit : « On ne met pas non plus du vin nouveau dans de vieilles outres ; autrement, les outres se rompent, le vin se répand, et les outres sont perdues ; mais on met le vin nouveau dans des outres neuves, et le vin et les outres se conservent » (Matthieu 9:17).

Ne soyez pas la personne qui dit : « Pourquoi ne pouvons-nous pas simplement continuer à faire les choses comme nous les avons toujours faites ? ». Vous voyez, les vieilles outres rétrécissent et durcissent. Quand on y verse du vin nouveau, elles ne peuvent pas se dilater. Les outres dures se fissurent et éclatent, et le vin est perdu.

Mais les outres neuves sont souples et malléables. Quand on y verse du vin nouveau, elles prennent la forme du liquide qui a été versé à l'intérieur. Elles s'adaptent à la forme de ce qui est à l'intérieur au fur et à mesure qu'il se dépose.

Nous aussi, nous nous installons dans un mode de vie, prenant la forme de ce qui est déjà dans notre monde. Quand la forme de notre monde change, nous nous retrouvons figés dans nos habitudes, incapables d'élargir nos horizons et de nous adapter à quelque chose de nouveau. Nous explosons. Nous sommes brisés quand on nous force à assumer quelque chose de nouveau. Cela nous rend inutiles.

Ruth n'a pas laissé sa vie stagner. Quand son chagrin s'est apaisé, elle s'est préparée à aller de l'avant. À faire quelque chose de différent. À changer le décor de sa vie. À se libérer des choses qui la liaient à son ancienne existence. À avancer dans la foi en anticipant quelque chose de meilleur.

Même si elle ne pouvait pas voir l'avenir de ses yeux, elle avait confiance dans son cœur que ce Dieu en qui sa belle-mère croyait aurait pitié d'elle et lui ouvrirait un chemin. Et sur cette note, elle osa embrasser l'inconnu et faire quelque chose qu'elle n'avait jamais fait auparavant.

Qu'est-ce qui vous empêche d'avancer ?

À quelles parties de votre passé vous accrochez-vous ?

Qu'est-ce qui vous effraie dans le fait de faire quelque chose de nouveau ?

Quels choix s'offrent à vous maintenant ?

De qui êtes-vous le fils ?

L'un des grands prédicateurs de notre époque est le Dr Fred Craddock. Craddock raconte une histoire sur des vacances qu'il a passées avec sa femme un été à Gatlinburg, dans le Tennessee. Un soir, ils trouvèrent un petit restaurant tranquille où ils espéraient prendre un repas en privé.

Pendant qu'ils attendaient leur repas, ils remarquèrent un homme distingué aux cheveux blancs qui se déplaçait de table en table, discutant avec les clients.

Craddock se pencha et chuchota à sa femme : « J'espère qu'il ne viendra pas ici ». Il ne voulait pas que quelqu'un s'immisce dans leur intimité. Mais bien sûr, l'homme vint à leur table.

« D›où venez-vous ? » demanda-t-il d'une voix amicale. « De l'Oklahoma » répondit Craddock.

« Un État splendide, à ce que j›entends, bien que je n›y sois jamais allé » dit l›étranger. « Que faites-vous dans la vie ? ».

« J›enseigne l›homilétique au séminaire de troisième cycle de l›Université Phillips » répondit Craddock.

« Oh, donc vous enseignez aux prédicateurs comment prêcher, n›est-ce pas ? J'ai une histoire à vous raconter ». Et sur ce, le gentleman tira une chaise et s'assit à la table avec Craddock et sa femme. Dr. Craddock dit qu'il gémit intérieurement et pensa, « Oh, non ! Voilà encore une histoire de prédicateur ! Il semble que tout le monde en ait au moins une ».

L'homme tendit sa main. « Je suis Ben Hooper » dit-il. « Je suis né pas loin d'ici, de l'autre côté des montagnes. Ma mère n'était pas mariée quand je suis né, alors j'ai eu une vie assez difficile. Quand j'ai commencé l'école, mes camarades de classe avaient un surnom pour moi, et ce n'était pas un très joli nom. J'avais l'habitude de m'isoler pendant les récréations et les pauses déjeuner parce que les choses qu'ils me disaient me blessaient profondément. Ce qui était pire, c'était d'aller en ville le samedi après-midi et d'avoir l'impression que tous les regards me transperçaient, se demandant qui était mon père.

Quand j'avais environ douze ans, un nouveau prédicateur est arrivé dans notre église. J'entrais toujours en retard et je sortais tôt. Mais un jour, le prédicateur a prononcé la bénédiction si vite que j'ai été pris au dépourvu et que j'ai dû sortir avec la foule. Je pouvais sentir tous les regards de l'église sur moi. Au moment où j'allais atteindre la porte, j'ai senti une grande main sur mon épaule. J'ai levé les yeux, et le prédicateur me regardait droit dans les yeux. "Qui êtes-vous, mon garçon ? De qui êtes-vous le fils ?" a-t-il demandé.

J'ai senti un grand poids s'abattre sur moi. C'était comme un grand nuage noir. Même le prédicateur me rabaissait. Mais alors qu'il me regardait, étudiant mon visage, il a commencé à sourire d'un grand sourire de reconnaissance. "Attendez une minute !" a-t-il dit. "Je sais qui vous êtes. Je vois maintenant la ressemblance familiale. Vous êtes un enfant de Dieu." Sur ce, il m'a donné une tape sur le derrière et a dit : "Mon garçon, vous avez un grand héritage. Allez le réclamer." ».

Le vieil homme a regardé Fred Craddock de l'autre côté de la table et a dit, « Ce furent les mots les plus importants que quelqu'un m'ait jamais dits, et je ne les ai jamais oubliés ».

Sur ce, il a souri, serré la main de Craddock et de sa femme, et s'est dirigé vers une autre table pour saluer de vieux amis. Et tandis qu'il s'éloignait, Craddock (lui-même natif du Tennessee) s'est souvenu de ses études sur l'histoire du Tennessee que, à deux reprises, les habitants du Tennessee avaient élu au poste de gouverneur des hommes nés hors mariage. L'un d'eux était un homme nommé Ben Hooper.

(Cette illustration fait partie du sermon ci-dessus, « Votre famille va-t-elle bien ? » et est adaptée d'un sermon de Fred Craddock).

SEPTEMBRE

Ce que nous pouvons apprendre des oies

La fraternité signifie « avoir en commun », « partager » et « participer pour une cause commune ». Lorsque vous voyez des oies se dirigeant vers le sud pour l'hiver, volant en formation en V, vous pourriez être intéressé de savoir que la science a découvert pourquoi elles volent ainsi. La recherche a révélé que lorsque chaque oiseau bat des ailes, il crée une portance pour l'oiseau immédiatement derrière lui. En volant en formation en V, l'ensemble du troupeau augmente sa portée de vol d'au moins 71 % par rapport à un vol individuel.

Faire partie d'une fraternité implique de s'assurer que nous allons dans la même direction et que nous volons en formation. Avez-vous déjà vu un groupe d'oies partir dans toutes les directions en essayant de se diriger vers le sud ?

Chaque fois qu'une oie sort de la formation, elle ressent soudainement la traînée et la résistance de l'effort solitaire. Elle retourne rapidement en formation pour profiter de la force de portance de l'oiseau immédiatement devant elle. Lorsque nous sortons de la formation avec Dieu, nous ressentons également la résistance qui nous éloigne de notre objectif.

Si nous entreprenons ensemble notre voyage vers le ciel, le voyage devient plus facile.

Les oies illustrent le concept de partage de la charge de travail.

Lorsque l'oie de tête se fatigue, elle retourne à l'arrière du V, et une autre oie prend la tête. Que se passerait-il pour les oies si seulement 20 % d'entre elles prenaient l'initiative ? Les oies n'atteindraient pas leur objectif de survie.

Le travail de l'église est important ; nous construisons le royaume de Dieu. Beaucoup d'entre vous ont divers talents qui pourraient améliorer le ministère de votre église ; assurez-vous d'utiliser vos talents.

Les oies illustrent le concept d'encouragement.

Avez-vous déjà entendu un vol d'oies volant haut dans le ciel ?

Elles font toutes sortes de bruits ; elles se klaxonnent les unes les autres en volant.

Pourquoi les oies klaxonnent-elles en volant ? Les chercheurs nous disent que les oies klaxonnent depuis l'arrière pour encourager celles de devant à maintenir leur vitesse.

Les oies illustrent le concept de partage des charges les unes avec les autres.

Les oies ont l'habitude de partager les charges des uns et des autres. Quand une oie tombe malade ou est blessée par un tir et chute, deux autres oies quittent la formation et la suivent pour l'aider à se protéger. Elles restent avec l'oie jusqu'à ce qu'elle soit capable de voler à nouveau ou qu'elle meure, puis elles repartent seules ou avec une autre formation pour rattraper leur groupe.

« C'est pourquoi exhortez-vous réciproquement, et édifiez-vous les uns les autres, comme en réalité vous le faites » (1 Thessaloniciens 5:11).

L'intégrité

Proverbes 20:7 « Le juste marche dans son intégrité ; heureux ses enfants après lui ! ».

Pourquoi devrions-nous nous soucier de l'intégrité ?
La Bible donne quatre raisons.

1. L'intégrité nous protège du péché.

    « Dieu lui dit en songe : Je sais que tu as agi avec un cœur pur ; aussi t›ai-je empêché de pécher contre moi » (Genèse 20:6).

    Si nous choisissons de marcher dans l'intégrité, de valoriser l'honnêteté, Dieu nous protégera des péchés qui autrement auraient eu la victoire sur nous. Vous pourriez dire : « Je peux couvrir mes traces. Je gère les répercussions ».

    « Mais si vous ne faites pas ainsi, vous péchez contre l›Éternel ; sachez que votre péché vous atteindra », déclare la Parole (Nombres 32:23). Le péché vous apportera l'humiliation. Personne n'échappe au péché.

    « Mais je pensais que Jésus était mort pour nos péchés », dites-vous. « Je pensais que nos péchés étaient effacés de la mémoire du Père à cause de ce que Christ a fait sur la croix ».

    C'est absolument vrai. « Et je ne me souviendrai plus de leurs péchés ni de leurs iniquités », déclare Dieu (Hébreux 10:17). Chaque péché confessé que vous avez commis, que vous commettez ou que vous commettrez est pardonné et oublié par Dieu. Vous êtes pardonné, mais votre péché lui-même vous rattrapera, vous humiliera et vous blessera (Nombres 32:23).

    C'est pourquoi l'intégrité est si vitale. Elle nous protège de la destructivité du péché.

2. L'intégrité place nos enfants dans une position avantageuse. « Le juste marche dans son intégrité ; heureux ses enfants après lui ! » (Proverbes 20:7).

3. L'intégrité favorise la stabilité.
« C›est un homme irrésolu, inconstant dans toutes ses voies » (Jacques 1:8).
Les personnes qui n'ont pas d'intégrité sont émotionnellement bouleversées, vulnérables à la dépression et instables intérieurement parce qu'elles ne savent pas exactement quelle histoire elles ont racontée à qui. Celui qui manque d'intégrité oublie ce qu'est la vérité. Son histoire change, et bientôt, tout ce qu'il peut dire est : « Pas de commentaire. Parlez à mon avocat ».

4. L'intégrité fournit des conseils.
« L›intégrité des hommes droits les dirige, mais les détours des perfides causent leur ruine » (Proverbes 11:3).
Nous vivons dans une culture où il y a d'innombrables conseils essayant de trouver ce que nous voulons entendre. L'intégrité, en revanche, dit : « Je viens à Vous, Seigneur. Pas de jeux, pas d'agenda. Quoi que Vous disiez, je le ferai ».
« C›est ça l›intégrité », dit Dieu. « Et je vous guiderai certainement ».
Comment pouvons-nous intégrer l'intégrité dans nos propres vies ? Je crois que la réponse peut être vue dans la vie de Job.
« Persistez-vous encore dans votre intégrité ? », lui demanda sa femme. « Maudis Dieu, et meurs ! » (Job 2:9).
Bien que ses enfants, ses biens et sa santé aient tous été décimés, Job répondit : « Je ne céderai pas sur la

question de l'intégrité ». Ses amis vinrent à lui en disant : « Vous devez faire quelque chose de mal, Job ». « Même si vous voulez que je confesse ces choses, même si cela pourrait sembler humble et spirituel, cela manque d'intégrité. Parce que ce que vous dites que j'ai fait n'est tout simplement pas vrai. Cela pourrait sembler noble, humble et spirituel ; mais je ne dois pas compromettre l'honnêteté et l'intégrité », déclara Job. Qu'est-ce qui a rendu Job ainsi ? Qu'est-ce qui a fait de Job un homme dont Dieu dirait à Satan : « Voici un homme qui gardera son intégrité quoi que vous fassiez, quoi qu'il arrive ? ». « Mais il a tout perdu », dites-vous.

Ce n'est pas vrai. À la fin de l'histoire, Job avait deux fois plus que ce qu'il avait à l'origine. Lorsque vous prenez la décision de commencer à vivre dans l'intégrité et l'honnêteté, Dieu vous bénira tout comme Il a béni Job. Choisissons d'être des personnes intègres afin que nous puissions voir des bénédictions dans nos vies personnelles, dans nos familles et dans notre pays.

(Note : Je tiens à remercier le commentaire de John Couron pour la pensée exprimée).

Une personne attentive

Donc, si vous êtes sérieux à propos de vivre cette nouvelle vie de résurrection avec Christ, ne vous comportez pas comme si ce n'était pas le cas. Poursuivez les choses sur lesquelles Christ préside. Ne traînez pas les pieds, les yeux rivés au sol, absorbé par les choses juste devant vous. Levez les yeux et soyez attentif à ce qui se passe autour du Christ ; c'est là que se trouve l'action. Voyez les choses de Sa perspective.

Le message

Henri Nouwen a écrit un jour : « Il y avait un homme sur un cheval galopant rapidement le long de la route. Un vieux fermier debout dans les champs, le voyant passer, s'écria : "Hé, cavalier, où allez-vous ?" Le cavalier se retourna et cria en retour : "Ne me demandez pas, demandez à mon cheval !" ».

Nous ne sommes plus non plus maîtres de notre propre destin. Nous avons perdu le contrôle sur les grandes forces qui nous tirent vers une direction inconnue. Nous sommes devenus victimes d'un mouvement continu que nous ne comprenons pas.

La vie spirituelle est celle qui est attentive aux moments de grâce que Dieu place devant nous. Une personne attentive remarque la différence entre les choses : entre ce qui est réel et ce qui n'est que paroles, ce qui est important et ce qui est trivial, ce qui nécessite une action immédiate et ce qui n'est pas vraiment si urgent.

Une personne attentive voit le lien entre ce qui s'est passé la semaine dernière et ce qui se passe aujourd'hui. Une personne attentive voit les choses qui se passent sous la surface. Il y a toujours quelque chose qui est dit à l'intérieur de ce qui est dit.

« L›homme moderne se drogue et s›enivre pour échapper à la conscience, ou il passe son temps à faire du shopping, ce qui revient au même », a dit Ernest Becker dans son livre « Le Déni de la mort ».

Où allez-vous ? Où va votre vie ? Avez-vous pris le temps d'y réfléchir récemment ?

Le plus grand pouvoir jamais connu

L'amour est la plus grande chose au monde et le plus grand privilège et pouvoir connu de l'homme. Son importance dans la vie et la parole a changé le cours de l'histoire lorsque les premiers chrétiens ont démontré une qualité de vie jamais vue auparavant sur cette terre. Les Grecs, les Romains, les Gentils et les Juifs se haïssaient les uns les autres. L'idée même d'amour et d'abnégation était étrangère à leur pensée. Quand ils observaient des chrétiens de nombreuses nations avec différentes langues et cultures s'aimant réellement les uns les autres et se sacrifiant pour s'entraider, ils réagissaient avec étonnement : « Regardez comme ces gens s'aiment les uns les autres ! ».

Tout le monde veut être aimé. La plupart des psychologues s'accordent à dire que le plus grand besoin de l'homme est d'aimer et d'être aimé. Aucune barrière ne peut résister à la puissante force de l'amour. Trois mots grecs sont traduits par le seul mot français « amour » : « eros », qui évoque le désir sensuel et n›apparaît pas dans le Nouveau Testament ; « phileo », qui est utilisé pour l›amitié ou l›amour de ses amis ou parents et qui exprime le sentiment d›aimer quelqu›un parce que cette personne est digne d›être aimée ; et « agape », qui est l›amour de Dieu. Le type d›amour le plus pur et le plus profond, il s›exprime non pas par de simples émotions, mais comme un acte de volonté.

L'« agapè » est l'amour surnaturel et inconditionnel de Dieu pour vous, révélé de manière suprême par la mort de notre Seigneur sur la croix pour nos péchés. C'est l'amour surnaturel qu'Il veut produire en vous et à travers vous pour les autres par Son Saint-Esprit. L'amour « agape » est donné en raison du caractère de la personne qui aime plutôt qu'en raison de la valeur de l'objet de cet amour. Parfois, c'est un amour « malgré » plutôt que « à cause de ». Dieu souligne l'importance de ce type d'amour à travers la plume inspirée de l'Apôtre Paul, comme rapporté dans 1 Corinthiens 13.

Dans ce beau et remarquable passage de l'Écriture, Paul écrit que sans amour, tout ce que vous pourriez faire pour Dieu ou pour les autres n'a aucune valeur. Considérez ces mots :

Si j'avais le don de parler d'autres langues sans les apprendre et pouvais parler toutes les langues du ciel et de la terre, mais que je n'aimais pas les autres, je ne ferais que du bruit.

Si j'avais le don de prophétie et connaissais tout sur ce qui va se passer dans le futur, si je savais tout sur tout mais que je n'aimais pas les autres, à quoi cela servirait-il ?

Même si j'avais le don de la foi au point de pouvoir parler à une montagne et la faire bouger, je ne vaudrais rien du tout sans l'amour. Si je donnais tout ce que j'ai aux pauvres et si j'étais brûlé vif pour avoir prêché l'Évangile sans aimer les autres, cela n'aurait aucune valeur.

En d'autres termes, peu importe ce que vous faites pour Dieu et pour les autres, cela n'a aucune valeur à moins que vous ne soyez motivé par l'amour de Dieu.

Dites aujourd'hui « Seigneur, je veux être esclave »

Luc 6:38 « Donnez, et il vous sera donné : on versera dans votre sein une bonne mesure, serrée, secouée et qui déborde ; car on vous mesurera avec la mesure dont vous vous serez servis ».

Imaginez un navire naviguant sur la mer Méditerranée. Pendant que les passagers sur le pont profitent de la vue, en dessous d'eux se trouvent des hommes dépensant une grande énergie, peinant sur les rames.

C'est ce que signifie être un serviteur. Vous travaillez dur heure après heure, jour après jour pour amener les gens au-dessus de vous à leur destination. Le véritable serviteur dit : « Je veux vous amener là où vous êtes censé être ; hors de votre apitoiement, hors de l'endroit où vous êtes découragé, confus ou damné éternellement. Je veux faire tout ce que je peux pour vous amener à votre destination appropriée ».

« Cela semble terrible », dites-vous, « ramer jour après jour sous le pont juste pour amener quelqu'un d'autre à sa destination ».

Mais voici ce dont vous devez vous souvenir : si les gens sur le pont se dirigent vers une belle île, devinez où vous finirez ? C'est vrai. Si j'aide quelqu'un d'autre à passer une meilleure journée, j'arrive au même port. Si j'aide quelqu'un à surmonter le découragement, je finis par surmonter mon propre découragement. Si j'aide quelqu'un d'autre dans son mariage, mon propre mariage devient plus fort, plus riche et plus profond. Si j'aide quelqu'un d'autre qui est confus sur la nature du Père, en ramant pour eux, ma propre compréhension du Père devient tellement plus claire.

Jésus a dit : « Donnez, et il vous sera donné : on versera dans votre sein une bonne mesure, serrée, secouée et qui déborde ; car on vous mesurera avec la mesure dont vous vous serez servis » (Luc 6:38).

Donc, la prochaine fois que vous vous sentez physiquement, émotionnellement, spirituellement ou mentalement fatigué, voici la clé : servez les autres, parlez aux autres, priez avec les autres ; et peut-être que les gens remarqueront votre travail d'amour en leur faveur. Ou il se peut que votre travail ait lieu sous le pont où, hors de vue et inaperçu des autres, en tant qu'esclave, vous ramez fidèlement pour les amener à leur destination.

Je pensais que vous aimeriez savoir

Puissent ces réflexions apporter un respect encore plus grand pour notre nation. Saviez-vous qu'il faut un type de personne spécial pour garder la Tombe du Soldat Inconnu ?

Il fait vingt et un pas pendant sa marche à travers la Tombe du Soldat Inconnu. Cela fait allusion au salut de vingt et un coups de canon, qui est le plus grand honneur accordé à tout dignitaire militaire ou étranger. Pour la même raison, il hésite vingt et une secondes après son demi-tour avant de commencer sa marche de retour. Ses gants sont humidifiés pour l'empêcher de perdre sa prise sur le fusil. Il porte le fusil sur l'épaule opposée à la tombe. Après sa marche à travers le chemin, il exécute un demi-tour et déplace le fusil vers l'épaule extérieure. Les gardes sont changés toutes les trente minutes, vingt-quatre heures sur vingt-quatre, 365 jours par an.

Pour qu'une personne puisse postuler pour le service de garde à la tombe, elle doit mesurer entre 1,78 m et 1,88 m, et sa taille ne peut pas dépasser 76 cm.

Les gardes doivent s'engager pour deux ans de leur vie pour garder la tombe, vivre dans une caserne sous la tombe, et ne peuvent pas boire d'alcool en service ou hors service pour le reste de leur vie. Ils ne peuvent pas jurer en public pour le reste de leur vie et ne peuvent pas déshonorer l'uniforme ou la tombe de quelque manière que ce soit.

Après deux ans, le garde reçoit une épingle en forme de couronne qu'il porte sur son revers, signifiant qu'il a servi comme garde de la tombe. Il n'y a que quatre cents épingles actuellement portées. Les gardes doivent respecter ces règles jusqu'à la fin de leur vie ou renoncer à l'épingle en forme de couronne.

Les chaussures sont spécialement fabriquées avec des semelles très épaisses pour protéger leurs pieds de la chaleur et du froid. Il y a des plaques de talon en métal qui s'étendent jusqu'au haut de la chaussure afin de produire un clic sonore lorsqu'ils s'arrêtent. Il n'y a pas de rides, de plis ou de peluches sur l'uniforme.

Pendant les six premiers mois de service, un garde ne peut parler à personne ni regarder la télévision. Tout le temps hors service est consacré à l'étude des 175 personnes notables reposant au Cimetière national d'Arlington. Les gardes doivent mémoriser leur identité et l'endroit où ils sont enterrés. Chaque garde passe cinq heures par jour à préparer son uniforme pour le service de garde.

OCTOBRE

Il vous trouvera

Le père John Powell, professeur à l'Université Loyola de Chicago, écrit à propos d'un étudiant nommé Tommy dans sa classe de Théologie de la foi.

Il y a environ douze ans, c'était le jour où j'ai vu Tommy pour la première fois. Il peignait ses longs cheveux blonds qui tombaient à quinze centimètres en dessous de ses épaules. Tommy s'est avéré être « l'athée résident ». Nous avons vécu ensemble dans une paix relative pendant un semestre. Quand il est venu à la fin du cours pour rendre son examen final, il a demandé d'un ton cynique : « Pensez-vous que je trouverai Dieu un jour ? ».

J'ai décidé instantanément d'une petite thérapie de choc. « Non ! », ai-je dit avec emphase. « Pourquoi pas ? », a-t-il répondu, « Je pensais que c'était le produit que vous vendiez ».

Je l'ai laissé faire cinq pas vers la porte de la classe et puis j'ai crié : « Tommy ! Je ne pense pas que vous Le trouverez jamais, mais je suis absolument certain qu'Il vous trouvera ! ». Il a haussé légèrement les épaules et a quitté ma classe et ma vie. J'étais légèrement déçu à l'idée qu'il ait manqué ma réplique astucieuse : « Il vous trouvera ! ». Plus tard, j'ai appris que Tommy avait obtenu son diplôme et j'en étais tellement reconnaissant.

Puis une triste nouvelle est arrivée. J'ai appris que Tommy avait un cancer en phase terminale. Avant que je ne puisse le rechercher, il est venu me voir. Quand il est entré dans mon bureau, son corps était très amaigri et ses longs cheveux étaient tous tombés à cause de la chimiothérapie.

Mais ses yeux étaient brillants, et sa voix était ferme, pour la première fois, je crois.

« Tommy, j›ai si souvent pensé à vous. J›entends dire que vous êtes malade », ai-je lâché.

« Oh, oui, très malade. J›ai un cancer aux deux poumons. C›est une question de semaines ».

« Pouvez-vous en parler, Tom ? », ai-je demandé.

« Bien sûr, que voulez-vous savoir ? », a-t-il répondu.

« Comment est-ce d'avoir seulement vingt-quatre ans et d'être mourant ? ».

« Eh bien, ça pourrait être pire ». « Comme quoi ? ».

« Comme avoir cinquante ans et ne pas avoir de valeurs ou d›idéaux, comme avoir cinquante ans et penser que l›alcool, séduire les femmes et gagner de l›argent sont les vraies choses à faire dans la vie ».

« Mais ce pour quoi je suis vraiment venu vous voir », a dit Tom, « c›est quelque chose que vous m›avez dit le dernier jour de classe » (il s›en souvenait !). Il a continué : « Je vous ai demandé si vous pensiez que je trouverais un jour Dieu et vous avez dit ‹Non ! ‹, ce qui m›a surpris. Puis vous avez dit : ‹Mais Il vous trouvera.› J›y ai beaucoup réfléchi, même si ma recherche de Dieu n›était guère intense à ce moment-là ».

« Mais quand les médecins ont retiré une grosseur de mon aine et m›ont dit qu›elle était maligne, c›est là que j›ai commencé à chercher Dieu sérieusement. Et quand la malignité s›est propagée à mes organes vitaux, j›ai vraiment commencé à frapper des poings ensanglantés contre les portes de bronze du ciel. Mais Dieu n›est pas sorti. En fait, rien ne s›est passé. Avez-vous déjà essayé quelque chose pendant longtemps avec beaucoup d'efforts et sans succès ? Vous devenez psychologiquement saturé, fatigué d'essayer. Et vous abandonnez ? Eh bien, un jour je me suis réveillé, et au lieu de lancer quelques appels futiles de plus par-dessus ce haut mur de briques à un Dieu qui pouvait être là ou pas, j'ai simplement abandonné.

J'ai décidé que je ne me souciais pas vraiment de Dieu, d'une vie après la mort, ou de quoi que ce soit de ce genre. J'ai décidé de passer le temps qu'il me restait à faire quelque chose de plus profitable. J'ai pensé à vous et à votre classe et je me suis souvenu de quelque chose d'autre que vous aviez dit : 'La tristesse essentielle est de traverser la vie sans aimer. Mais il serait presque aussi triste de traverser la vie et de quitter ce monde sans jamais avoir dit à ceux que vous avez aimés que vous les aviez aimés.'

Alors, j'ai commencé par le plus difficile, mon père. Il lisait le journal quand je me suis approché de lui. 'Papa.'

'Oui, quoi ?', a-t-il demandé sans baisser le journal.

'Papa, j'aimerais vous parler.' Il a lentement abaissé le journal de quelques centimètres. 'Qu'y a-t-il ?' 'Papa, je vous aime, je voulais juste que vous le sachiez.' Tom m'a souri et l'a dit avec une satisfaction évidente, comme s'il ressentait une joie chaude et secrète couler en lui.

Le journal a flotté jusqu'au sol. Puis mon père a fait deux choses dont je ne me souvenais pas qu'il les ait jamais faites auparavant. Il a pleuré et il m'a serré dans ses bras. C'était si bon d'être proche de mon père, de voir ses larmes, de sentir son étreinte, de l'entendre dire qu'il m'aimait.

Je regrettais seulement une chose : d'avoir attendu si longtemps.

Apparemment, Dieu fait les choses à sa manière et à son heure.

Mais l'important est qu'Il était là. Il m'a trouvé ! Vous aviez raison. Il m'a trouvé même après que j'ai arrêté de Le chercher ».

Dans un supermarché, il y a quelques années

Dans un supermarché, il y a quelques années, Kurtis, le magasinier, travaillait activement lorsqu'une nouvelle voix est venue sur l'interphone demandant un porteur à la caisse numéro quatre. Voulant prendre l'air, Kurtis a répondu à l'appel. C'était son premier aperçu de la nouvelle caissière, et Kurtis est tombé amoureux. Elle était magnifique ! Elle était aussi plus âgée (peut-être vingt-six ans, et il n'avait que vingt-deux ans). Mais cela lui était égal. Plus tard ce jour-là, après la fin de son service, il a attendu près de la pointeuse pour connaître son nom. Elle est entrée dans la salle de pause et a souri en prenant sa carte, a pointé et est partie. Il a regardé sa carte : Brenda. Il est sorti et l'a vue marcher sur la route.

Le lendemain, il l'a attendue à l'extérieur alors qu'elle quittait le supermarché et lui a proposé de la raccompagner chez elle. Il avait l'air assez inoffensif, et elle a accepté. Quand il l'a déposée, il lui a demandé s'il pouvait peut-être la revoir en dehors du travail. Elle a simplement dit que ce n‹était pas possible, expliquant qu‹elle avait deux enfants et ne pouvait pas se permettre une baby-sitter. Alors, il a proposé de payer la baby-sitter.

À contrecœur, elle a finalement accepté son offre de rendez-vous pour le samedi suivant. Ce samedi soir, il est arrivé à sa porte seulement pour qu'elle lui dise qu'elle ne pouvait pas sortir. La baby-sitter avait appelé et annulé.

À quoi Kurtis a simplement répondu : « Eh bien, emmenons les enfants avec nous ». Elle a essayé d'expliquer qu'emmener les enfants n'était pas une option, mais encore une fois, refusant d'accepter un non comme réponse, il a insisté. Finalement, Brenda l'a fait entrer pour rencontrer ses enfants.

Sa fille aînée était aussi mignonne qu'un insecte, pensa Kurtis. Puis Brenda a fait sortir son fils en fauteuil roulant. Il était né paraplégique avec le syndrome de Down. Kurtis lui a dit : « Je ne comprends toujours pas pourquoi les enfants ne peuvent pas venir avec nous ».

Brenda était stupéfaite. La plupart des hommes auraient fui une femme avec deux enfants, surtout si l'un avait un handicap, tout comme son mari l'avait fait.

Ils ont chargé les enfants et sont allés dîner et au cinéma. Quand son fils avait besoin de quelque chose, Kurtis s'en occupait. Quand il avait besoin d'aller aux toilettes, Kurtis le soulevait, l'emmenait et le ramenait. Les enfants adoraient Kurtis. Et à la fin de la soirée, Brenda savait que c'était l'homme qu'il lui fallait.

Un an plus tard, ils se sont mariés, et Kurtis a adopté ses deux enfants.

Depuis, ils en ont ajouté deux autres.

Alors, qu'est-il arrivé au magasinier et à la caissière ? Eh bien, Kurtis et Brenda Warner vivent maintenant en Arizona. Kurt Warner a annoncé sa retraite de sa carrière dans la Ligue Nationale de Football. Il a dit qu'il avait hâte d'être enfin un vrai père pour ses sept enfants, et qu'il voulait passer du temps avec sa femme.

Dieu a donné à chacun un appel personnel

Jérémie 31:3 « De loin l'Éternel se montre à moi : Je t'aime d'un amour éternel ; c'est pourquoi je te conserve ma bonté ».

Le ministère terrestre de Jésus était régulièrement rempli d'invitations : « Venez à moi », « Venez, suivez-moi » et « Venez être avec moi ».

Bien qu'Il soit un Dieu transcendant, Il est aussi un Dieu interactif et interpersonnel. Bien que Sa nature soit sainte et juste, Il la décrit bien dans Jérémie 31:1-3 quand Il dit : *« Je t›aime d›un amour éternel ; c›est pourquoi je te conserve ma bonté ».*

Et cet appel personnel, lorsqu'on y répond, apporte une toute nouvelle qualité de vie. Il apporte une dimension éternelle à notre vie au milieu du temps.

Jésus fait clairement référence à cet appel dans le jardin de Gethsémané à la fin de Son ministère et dit : « Or, la vie éternelle, c'est qu'ils te connaissent, toi, le seul vrai Dieu, et celui que tu as envoyé, Jésus Christ » (Jean 17:3).

L'Apôtre Paul dit la même chose dans Galates 1:15 quand il dit : « Mais, lorsqu'il plut à celui qui m'avait mis à part dès le sein de ma mère, et qui m'a appelé par sa grâce, de révéler en moi son Fils, afin que je l'annonçasse parmi les païens ».

Rick Husband, le commandant du vol tragique de la navette spatiale Columbia, nous a donné un exemple de l'appel de Dieu dans notre vie.

Tout en servant comme explorateur pionnier dans l'espace, Rick a également reçu un appel de son Seigneur pour être en mission pour le Christ au cœur même de son travail pour la NASA. Lorsqu'il n'était pas en vol, lui et sa femme, Evelyn, organisaient des études bibliques pour les astronautes et leurs conjoints, les aidant à découvrir une relation personnelle avec Jésus-Christ.

Avant le lancement du voyage fatal en janvier 2003, Rick s'est demandé ce qu'il pouvait laisser de mieux à ses enfants pour qu'ils se souviennent de lui chaque jour pendant son vol spatial de dix-sept jours. Cela leur rappellerait ce qui était le plus important pour eux.

Après avoir réfléchi à cette idée, il a décidé de faire une vidéo de dévotion quotidienne pour son fils et sa fille, s'adressant à chacun d'eux individuellement pendant les dix-sept jours de son absence. Ils venaient de regarder sa dernière dévotion lorsqu'ils sont partis pour la zone d'atterrissage où il n'arriverait jamais.

L'artiste de musique chrétienne Steve Green, s'exprimant lors du service commémoratif de Rick, a décrit la compréhension de Rick de son appel en disant : « Rick était un exemple brillant de quelqu'un qui comprenait son appel. Il avait été doué et appelé dans l'arène du service en tant qu'astronaute. Il était le meilleur possible et il le faisait pour la gloire de Dieu ».

Avez-vous expérimenté l'appel personnel de Dieu dans votre vie ? Avez-vous répondu à l'appel intentionnel de Dieu dans votre vie ? Si non, pourquoi pas maintenant ?

Dieu vous a donné un don puissant !

Joël 2:28 « Après cela, je répandrai mon esprit sur toute chair ».

La plus grande réalisation était au début et pendant un certain temps un rêve. Le chêne dort dans le gland, l'oiseau attend dans l'œuf, et la plus haute vision de l'âme est animée par un ange qui s'éveille. Les rêves sont les germes des réalités.

—*James Allen*

On estime que nous effectuons environ 70 % de notre apprentissage pour absorber de nouvelles choses. C'est aussi le moment où notre imagination est la plus fertile. Nous avons besoin d'une bonne imagination pour apprendre rapidement et facilement. Par conséquent, nous devons maintenir un respect sain pour une imagination créative et, en fait, la stimuler et la développer tout au long de l'âge adulte.

La simple vérité est que l'imagination est la clé de tout apprentissage et de toute résolution de problèmes.

Une bonne imagination est également importante pour une bonne mémoire. C'est l'une des raisons pour lesquelles les personnes âgées rapportent souvent avoir une mauvaise mémoire : elles ont laissé leur imagination se détériorer au point que leur esprit ne crée plus d'images qui resteront dans leur mémoire. Chaque fois que nous enregistrons des informations dans nos banques de mémoire, nous utilisons notre imagination et nos pouvoirs de visualisation pour créer une image. L'efficacité avec laquelle nous créons notre image détermine la facilité avec laquelle nous rappelons l'information. De plus, une bonne imagination est essentielle pour pouvoir détendre notre corps et notre esprit.

Par exemple, si vous pouvez vous impliquer totalement dans une scène imaginaire de la nature, disons la plage, alors vous aurez la capacité de vous détendre à volonté. Quel atout précieux ! D'autre part, quelqu'un dont l'imagination n'est pas aussi développée aura plus de mal à se détendre.

Léonard de Vinci, âgé de douze ans et illégitime, a juré : « Je deviendrai l'un des plus grands artistes que le monde ait jamais connu, et un jour, je vivrai avec des rois et marcherai avec des princes ».

Alors qu'il était jeune garçon, Napoléon passait de longues heures à conquérir l'Europe dans son esprit, rêvant de la façon dont il dirigerait et gérerait ses troupes. Le reste appartient à l'histoire.

Les frères Wright ont transformé leurs rêves en avions ; Henry Ford a transformé son rêve d'une voiture abordable pour tous en fabrication à la chaîne.

Même enfant, Neil Armstrong rêvait de laisser sa marque dans le domaine de l'aviation. En juillet 1969, il est devenu le premier homme à marcher sur la lune.

Tout commence par un rêve. Tenez-vous à votre rêve. Comme dit la chanson : « Si vous n'avez jamais de rêve, vous n'aurez jamais de rêve qui se réalise ».

Dieu nous donne la capacité de rêver. « Après cela, je répandrai mon esprit sur toute chair ; vos fils et vos filles prophétiseront, vos vieillards auront des songes, et vos jeunes gens des visions » (Joël 2:28).

Enseignez-moi à propos de l'arachide

Romains 8:28 « Nous savons, du reste, que toutes choses concourent au bien de ceux qui aiment Dieu, de ceux qui sont appelés selon son dessein ».

À la fin des années 1800, lorsque le coton était le roi incontesté du Sud, toutes les plantations de coton du comté de Coffee, en Alabama, ont été anéanties par le charançon du coton. Les retombées économiques ont été désastreuses, poussant les chrétiens de la petite ville d›Enterprise à se réunir et à prier : « Nous vous remercions, Seigneur, de nous avoir bénis pendant tant d›années avec le coton. Maintenant, il a disparu, mais nous savons que vous faites concourir toutes choses au bien. Donc, nous vous faisons confiance ».

Après leur réunion de prière, la ville d'Enterprise a décidé de changer de culture, passant du coton aux arachides. Bien que les arachides fussent à l'époque pratiquement inconnues, il y avait un homme d'une intelligence exceptionnelle (l'un des plus grands penseurs de l'histoire de notre pays) qui, la même année où les habitants d'Enterprise ont senti que le Seigneur les poussait à planter des arachides, parlait aussi au Seigneur. Un merveilleux croyant avec un profond intérêt pour l'astronomie, il priait : « Père, enseignez-moi les secrets de l'univers ». Puis il baissa la tête et dit : « Seigneur, je sais que c'est trop présomptueux de demander cela. Enseignez-moi simplement à propos de l'arachide ».

Le nom de cet homme était, bien sûr, George Washington Carver, et le Seigneur a exaucé sa prière ! À partir de 1895, Carver a développé plus de trois cents produits à partir de l'humble arachide. Grâce aux découvertes de George Washington Carver, il y a eu soudainement une demande inattendue et sans précédent pour les arachides. Et le comté de Coffee a commencé à prospérer au-delà de toute attente.

Ce qui avait été un désastre est devenu une bénédiction. Ce qui avait été une adversité est devenu une prospérité ; tout cela parce qu'au lieu d'être rongés par le ver de la négativité, les habitants d'Enterprise ont glorifié Dieu.

Si vous allez à Enterprise aujourd'hui, vous verrez un monument sur la place de la ville avec un charançon du coton au sommet et cette inscription en dessous : « En profonde reconnaissance pour le charançon du coton et ce qu'il a fait en tant que héraut de la prospérité, ce monument est érigé par les citoyens reconnaissants du comté de Coffee, Alabama. "Toutes choses concourent au bien" (Romains 8:28) ».

NOVEMBRE

L'Action de grâce peut changer votre vie

Romains 1:8 « Je rends d'abord grâces à mon Dieu par Jésus Christ, au sujet de vous tous, de ce que votre foi est renommée dans le monde entier ».

Les avantages d'un esprit reconnaissant

Maintenant, pourquoi pensez-vous qu'être une personne reconnaissante est si important ? Eh bien, je pense que c'est parce que la gratitude est bonne pour nous. Il y a de nombreuses façons dont être une personne reconnaissante peut vous être bénéfique.

D'une part, être une personne reconnaissante peut augmenter votre bonheur personnel. La plupart d'entre nous pensent que notre bonheur est déterminé par nos circonstances. Si je vous demandais, sur une échelle de un à dix, à quel point vous êtes heureux en ce moment, vous pourriez dire : « Eh bien, je suis à peu près à deux sur l'échelle du bonheur à cause de mes circonstances ».

On nous a appris que notre bonheur dépend en quelque sorte de la façon dont les choses se passent pour nous. Mais en réalité, notre bonheur est déterminé par notre attitude. C'est vraiment dans la façon dont nous voyons les choses. L'Apôtre Paul a écrit ces mots depuis sa prison : « Réjouissez-vous toujours dans le Seigneur ; je le répète, réjouissez-vous » (Philippiens 4:4). Paul était heureux malgré son emprisonnement. Il a appris à remercier Dieu dans tout ce qu'il faisait. C'était vraiment sa perspective sur la vie.

Le bonheur est réellement déterminé par notre perspective dans la vie, pas par les circonstances. Si nous apprenons à être des personnes reconnaissantes malgré les circonstances, cela améliorera grandement notre bonheur.

Être une personne reconnaissante peut aussi améliorer votre témoignage pour Christ. Avoir une attitude visible de gratitude et de joie fera certainement de nous de meilleurs témoins pour Christ.

L'Apôtre Paul commençait la plupart de ses lettres par une prière pour l'église.

À l'église de Rome, il écrivait : « Je rends d'abord grâces à mon Dieu par Jésus Christ, au sujet de vous tous » (Romains 1:8).

À l'église de Corinthe, il écrivait : « Je rends à mon Dieu de continuelles actions de grâces à votre sujet » (1 Corinthiens 1:4).

À l'église d'Éphèse, il écrivait : « Je ne cesse de rendre grâces pour vous, faisant mention de vous dans mes prières » (Éphésiens 1:16).

À l'église de Philippes, il écrivait : « Je rends grâces à mon Dieu de tout le souvenir que je garde de vous » (Philippiens 1:3).

À l'église de Colosses, il écrivait : « Nous rendons grâces à Dieu, le Père de notre Seigneur Jésus Christ, et nous ne cessons de prier pour vous » (Colossiens 1:3).

Paul s'assurait de faire savoir aux gens dans les églises qu'il était reconnaissant pour eux. Imaginez à quel point notre église et nos relations seraient meilleures si nous exprimions notre gratitude les uns envers les autres.

Moyens de développer l'action de grâce dans nos vies

Éphésiens 5:19 dit : « Chantant et célébrant de tout votre cœur les louanges du Seigneur ; rendez continuellement grâces pour toutes choses à Dieu le Père ».

« Continuellement » est le mot-clé. Pas seulement à l'Action de grâce. Mais chaque jour.

J'ai lu récemment que si vous possédez une Bible, vous êtes abondamment béni car un tiers des gens dans le monde n'ont pas accès à une Bible.

Si vous vous êtes réveillé ce matin avec plus de santé que de maladie, vous êtes plus béni qu'un million de personnes qui ne survivront pas à la semaine. Si vous n'avez jamais connu le danger de la guerre, la solitude de l'emprisonnement, l'agonie de la torture ou les affres de la famine, vous êtes plus chanceux que cinq cents millions de personnes sur terre.

Si vous avez de la nourriture dans votre réfrigérateur, des vêtements sur le dos, un toit au-dessus de votre tête, vingt dollars dans votre poche et un endroit pour dormir, vous êtes plus riche que 75 % du monde. Ô Dieu, pardonnez-moi quand je me plains.

J'ai trouvé cette liste de questions que vous pouvez vous poser pour tester si vous êtes une personne reconnaissante ou non :

1. De quoi avez-vous tendance à parler le plus, vos bénédictions ou vos déceptions ?
2. Êtes-vous un râleur, toujours en train de grogner, toujours en train de trouver des défauts à vos circonstances ?
3. Êtes-vous content de ce que vous avez ou toujours insatisfait et en voulant plus ?
4. Trouvez-vous plus facile de compter vos bénédictions ou vos afflictions ?
5. Remerciez-vous les autres lorsqu'ils vous aident ou considérez-vous que c'est votre dû ?
6. Les autres diraient-ils que vous êtes une personne reconnaissante ?

L'Action de grâce

Le plus grand tueur de l'Action de grâce est le lendemain, lorsque les achats de Noël commencent sérieusement, et que nous arrêtons de penser à ce que nous avons pour commencer à penser à ce que nous voulons. Beaucoup d'entre nous aiment parcourir le catalogue de Noël en regardant toutes les belles choses que nous voulons. Nous devrions passer plus de temps à regarder les belles choses que nous avons déjà. Dans le Psaume 103, nous trouvons le catalogue des bénédictions de Dieu.

Il y a cinq bénédictions pour lesquelles nous pouvons louer Dieu :

1. Il pardonne nos péchés.
2. Il nous guérit de nos maladies.
3. Il rachète notre vie.
4. Il nous couronne d'amour et de compassion.
5. Il satisfait nos désirs avec de bonnes choses.

La plupart des bénédictions sont considérées comme acquises.

Si vous vous êtes réveillé ce matin avec plus de santé que de maladie, vous êtes plus béni que les six millions qui ne survivront pas cette semaine.

Si vous n'avez jamais connu le danger du combat, la solitude de l'emprisonnement, l'agonie de la torture, les affres de la famine, vous êtes en avance sur cinq cents millions de personnes dans le monde.

Si vous pouvez assister à une réunion d'église sans crainte de harcèlement ou d'arrestation, vous êtes plus béni que trois milliards de personnes dans le monde.

Si vous avez de la nourriture dans le réfrigérateur, des vêtements sur le dos, un toit au-dessus de votre tête et un endroit pour dormir, vous êtes plus riche que 75 % de ce monde.

Si vous avez de l'argent à la banque, dans votre portefeuille, et de la monnaie quelque part, vous faites partie des 8 % les plus riches du monde.

Et si vous deviez mettre une étiquette de prix sur vos autres bénédictions ?

Dieu pardonne nos péchés et les oublie ensuite. « Je pardonnerai leur iniquité, et je ne me souviendrai plus de leur péché ».

Dieu guérit nos maladies. Il peut s'agir d'une guérison physique, mais ce n'est peut-être pas la priorité de Dieu. Cela peut en fait conduire à une guérison spirituelle.

Dieu rachète nos vies. Racheter signifie obtenir en payant un prix ou rétablir. Dieu a payé le prix pour nous racheter.

Dieu nous couronne d'amour et de compassion. Il nous a donné un véritable honneur et un grand honneur. Et quelle plus grande bénédiction que d'être amené dans l'amour et la faveur de Dieu ?

Dieu satisfait nos désirs avec de bonnes choses. Faites la liste des choses que vous avez ; Dieu vous a donné ces choses pour votre plaisir. Votre attitude envers ces choses détermine votre satisfaction. La moitié du monde est malheureuse parce qu'elle ne peut pas avoir les choses qui rendent l'autre moitié malheureuse. La personne malheureuse n'est pas celle qui n'a pas obtenu ce qu'elle voulait. La personne malheureuse est celle qui a obtenu ce qu'elle voulait et qui a ensuite découvert que ce n'était pas aussi merveilleux que prévu. Le secret d'une vie heureuse n'est pas d'obtenir ce que vous voulez, mais de vivre avec ce que vous avez. La plupart d'entre nous passons notre vie à nous concentrer sur ce que nous n'avons pas au lieu de remercier Dieu pour ce que nous avons.

Nous devons nous rappeler de remercier Dieu pour toutes Ses bénédictions.

Notes de novembre

William L. Stidger, prédicateur, auteur et professeur, avait pris l'habitude d'écrire une lettre de remerciement et de gratitude chaque jour pendant le mois de novembre. Il croyait qu'un seul jour d'action de grâce n'était pas suffisant. Il veillait à ce que chaque jour de novembre, un ami qui avait été gentil et généreux, une personne qui avait apporté une contribution à lui personnellement, à sa famille, à son église, à sa ville, à son école ou à sa communauté, reçoive une lettre de remerciement.

Une de ces lettres de Stidger a été envoyée à son ancienne enseignante, Mme Swent, qui, trente ans auparavant, lui avait fait connaître Tennyson. Il a reçu une réponse écrite dans l'écriture tremblante d'une femme âgée. « Mon cher Willie, je ne peux pas vous dire à quel point votre mot m'a touchée. J'ai plus de quatre-vingts ans, je vis seule dans une petite chambre, je cuisine mes propres repas, je suis solitaire, et comme la dernière feuille d'automne, je m'attarde. Vous serez intéressé de savoir que j'ai enseigné pendant cinquante ans, et votre mot est la première marque d'appréciation que j'ai jamais reçue. Il est arrivé par un matin froid et bleu, et il m'a remplie de joie ».

Notes de novembre !

Nous avons tous eu nos vies touchées par d'autres, mais nous oublions de nous en souvenir avec des mots d'appréciation et de gratitude.

Novembre est un beau mois, et ce serait un bon moment pour écrire un mot à quelqu'un qui a béni nos vies.

La gratitude : une attitude nécessaire

Il y a quelques années, le Dr Nick Stinnett de l'Université du Nebraska a mené une série d'études appelée « Projet de recherche sur les forces familiales ». Stinnett et ses chercheurs ont identifié les qualités qui font la force des familles.

La première qualité, et l'une des plus importantes trouvées dans les familles fortes, était la qualité de l'appréciation. Les familles qui sont fortes le sont en partie, conclut le Dr Stinnett, parce que les membres de la famille expriment les uns aux autres leur appréciation pour ce que les autres membres font et pour qui ils sont.

Dans une étude similaire, un autre chercheur s'est penché sur l'effet des éloges sur le lieu de travail. Son étude a montré que le ratio entre les éloges et les critiques sur le lieu de travail doit être de quatre pour un avant que les employés ne sentent qu'il y a un équilibre. Il doit y avoir quatre fois plus d'éloges que de critiques avant qu'ils ne se sentent bien dans leur travail et dans l'environnement dans lequel ils travaillent.

C'est une information assez stupéfiante. Cela nous dit que si nous voulons faire quelque chose de bien, si nous voulons avoir une famille saine, un lieu de travail solide ou tout autre groupe efficace, nous devons nous assurer que l'appréciation, les éloges et l'action de grâce sont entendus au moins quatre fois plus souvent.

Jamais abandonnés

Notre Père céleste veut que nous trouvions du réconfort et de la force en sachant qu'Il est notre sauveur, notre libérateur et notre refuge dans les tempêtes de la vie.

Avez-vous déjà entendu quelqu'un dire « Une fois que la tempête est passée et que l'épreuve était terminée, j'ai pu regarder en arrière et voir que Dieu avait été avec moi après tout » ? Cette déclaration implique que la personne n'a pas vu Dieu tout au long du processus du début à la fin. Lorsque vous vous trouvez dans une saison difficile et que la peur s'abat sur vous, Dieu veut que vous Le voyiez maintenant.

Dieu est toujours avec nous, même au milieu de nos épreuves ardentes. Il sait ce qui se passe et peut marcher avec nous à travers nos circonstances du début à la fin d'une manière que Lui seul peut. Notre Seigneur veut que nous sachions qu'au début de toute épreuve que nous vivons, Il est toujours disponible pour nous. Il veut que nous Le voyions au début, pas seulement à la fin d'une période difficile, lorsque nous regardons en arrière et réalisons qu'Il était effectivement là tout du long, même si nous n'étions pas certains de Sa présence. Dieu est toujours avec nous (voir Deutéronome 31:6), il ne nous quitte jamais et ne nous abandonne jamais.

Parfois, nous ne Le voyons pas au début parce qu'une crise nous frappe soudainement et rapidement, nous emportant dans un courant de peur et de pensées anxieuses accablantes. Nous sommes pris dans une tempête qui nous surprend et s'abat si vite sur nous, semant le chaos, que nous oublions qu'il y a un Rocher solide auquel nous pouvons nous accrocher. Nous nous retrouvons au milieu du chaos, essayant de tout arranger nous-mêmes.

Nos tentatives pour tout remettre en ordre échouent finalement, et ce qui se profile à l'horizon est plus menaçant que ce qui s'est déjà passé. Lorsque notre impuissance et notre désespoir ne nous laissent que le désarroi, nous crions à Dieu de nous sauver comme s'Il n'avait pas été là tout du long. Nous allons souvent vers Lui comme si notre crise L'avait pris au dépourvu alors qu'Il ne regardait pas ou ne faisait pas attention. Nous nous inquiétons que notre situation soit trop compliquée pour qu'Il puisse la démêler.

Avons-nous oublié qu'Il est un Dieu omniscient, et qu'Il connaît précisément et en détail tous les aspects de nos vies ? Son désir est que dès le début d'une épreuve, nous Le voyions et sachions sans l'ombre d'un doute qu'Il est déjà là, prêt à agir d'une manière que nous ne pouvons pas encore voir. Notre Père céleste veut que nous trouvions réconfort et force en sachant qu'Il est notre Sauveur, notre Libérateur et notre Refuge dans les tempêtes de la vie. Le Psaume 46:1 nous rappelle que Dieu est notre refuge et notre force, un secours toujours présent dans la détresse.

Nous éviterons beaucoup de stress, de peur et d'anxiété si nous nous accrochons chaque jour au Rocher de notre salut. Si nous avons fidèlement marché chaque jour avec Celui qui nous tient dans Sa main, alors quand les épreuves s'abattent inopinément sur nos vies, nous saurons avec une assurance confiante qu'Il est avec nous.

Ésaïe 41:10 dit : « Ne crains rien, car je suis avec toi ; ne promène pas des regards inquiets, car je suis ton Dieu ; je te fortifie, je viens à ton secours, je te soutiens de ma droite triomphante ». Ces paroles nous assurent qu'Il sera avec nous, quoi que nous affrontions dans la vie. Au milieu des moments les plus effrayants que nous traversons, lorsque nous plaçons notre foi dans Ses promesses dès le début, nous pouvons demeurer en Lui et expérimenter Sa paix.

DÉCEMBRE

Le meilleur cadeau de Noël : le don de Dieu

Jean 3:16 « Car Dieu a tant aimé le monde qu'il a donné son Fils unique, afin que quiconque croit en lui ne périsse point, mais qu'il ait la vie éternelle ».

Dans l'histoire de Noël, nous trouvons des mages, parfois appelés « hommes sages », à la recherche de l'endroit où ils croyaient que Dieu envoyait un bébé né pour devenir Roi. Les mages sont venus portant des cadeaux.

Les cadeaux que les mages ont prodigués à Jésus reflétaient la valeur qu'ils accordaient à cet enfant pour lequel ils avaient voyagé pendant des mois afin de le trouver.

Ils lui ont offert de l'or, de l'encens et de la myrrhe. La valeur de l'or est classique ; il a toujours été l'étalon du commerce. C'était le meilleur que l'on puisse offrir à quiconque.

L'encens était un cadeau plus symbolique. Il était valorisé car il représentait les prières des peuples de l'ancien Proche-Orient. L'encens était parfumé et évoquait l'odeur agréable que leurs prières avaient aux narines de Dieu. Il s'élevait comme de la fumée dans l'air, tout comme leurs prières. Ainsi, l'encens était un don spirituel.

La myrrhe était une huile médicinale. Les mages voyaient cette huile comme une affirmation de la prophétie ; ils savaient que les prophètes juifs disaient que cet enfant-roi serait pour la guérison des nations. Donc, la myrrhe représentait ce que Sa vie produirait.

Matthieu, Marc et Luc commencent leurs évangiles avec la lignée familiale terrestre de Jésus ; Jean commence son récit de la vie de Jésus avec Son pedigree céleste.

Dans Jean 1:1, Jean remonte aussi loin que possible en disant « Au commencement... ». Son tracé des empreintes de Dieu progresse tout au long du livre jusqu'à ce que nous voyions, en Jean 3:16, jusqu'où Dieu était prêt à aller pour donner suite à Son don.

Dieu est vraiment le plus grand amoureux. Il a donné le plus grand cadeau qui puisse être donné, tout cela à cause de la valeur qu'Il accordait à vous et moi.

Dieu a déjà fait de grands dons, mais Jésus est le meilleur. Jésus était le meilleur cadeau parce qu'Il est ce dont le monde avait le plus besoin.

Dans Jean 4:10, Jésus a répondu à la femme samaritaine : « Si tu connaissais le don de Dieu et qui est celui qui te dit : Donne-moi à boire ! Tu lui aurais toi-même demandé à boire, et il t'aurait donné de l'eau vive ». Ce même Jésus est prêt à donner à tous ceux qui demandent la même eau vive qu'Il a offerte à la femme samaritaine. Elle croyait que la vie était sombre et pleine de déceptions. Elle pensait avoir besoin d'eau, mais son besoin était bien plus grand, comme l'est celui du monde aujourd'hui. Nous avons toujours besoin d'eau vive.

Parfois, nous ne comprenons pas le don. Cela me rappelle l'histoire de ce gars qui a acheté une magnifique bague en diamant à sa femme pour Noël.

Son ami lui a dit : « Je pensais qu'elle voulait un de ces véhicules tout-terrain sportifs ».

« C›était le cas », répondit-il. « Mais où vais-je trouver une fausse Jeep ? ». Le don de Dieu n'était pas faux.

Certains ont suggéré que les choses auraient été différentes si ces hommes sages avaient en fait été des femmes sages.

Des femmes sages auraient demandé leur chemin, seraient arrivées à l'heure, auraient aidé à accoucher le bébé, nettoyé l'étable, préparé un plat, et apporté des cadeaux pratiques de chez Babies

"R" Us, y compris des couches, des lingettes, des bavoirs et du lait en poudre.

Cependant, les hommes sages s'inscrivaient parfaitement dans le timing de Dieu et sont arrivés juste à temps pour accomplir tout ce que Dieu désirait.

Jérémie 29:11 nous assure à tous que Dieu avait un plan spécial pour nous quand il dit : « Car je connais les projets que j'ai formés sur vous, dit l'Éternel, projets de paix et non de malheur, afin de vous donner un avenir et de l'espérance ». Tel a été le cas récemment dans le système scolaire public de Philadelphie. En travaillant et en nettoyant les sous-sols, les chaufferies, les placards et les couloirs des écoles en difficulté financière de Philadelphie, quelque 1 200 œuvres d'art, dont des peintures, des croquis, des sculptures et des fresques, ont été découvertes. La partie étonnante de la découverte : elles valaient des dizaines de millions de dollars. Un consultant en art de la Corporate Art Source basée à Chicago a déclaré : « C'est une découverte incroyablement inhabituelle et extraordinaire. De la collection, plus d'une centaine d'entre elles sont des œuvres très importantes ! »

Si seulement le système scolaire avait réalisé ce qu'ils avaient alors qu'ils continuaient à lutter avec leurs besoins. Et c'est la même chose pour nous dans notre voyage spirituel : si seulement nous reconnaissions ce que nous avons déjà dans la provision de Dieu dans notre vie. Pourtant, trop de gens passent à côté parce qu'ils pensent qu'il y a plus, qu'ils ont besoin de plus alors que Dieu a déjà tout prévu pour le voyage. Tout ce que nous avons à faire est de le reconnaître, de nous l'approprier et de le vivre !

Un cadeau au-delà de toute description

2 Corinthiens 9:15 dit : « Grâces soient rendues à Dieu pour Son don ineffable ! ». C'est l'époque de l'année où nous nous préoccupons de choisir les cadeaux de Noël parfaits à offrir aux personnes spéciales dans nos vies. Avez-vous déjà reçu un cadeau indescriptible ? Avez-vous déjà reçu un cadeau qui dépassait toute description ?

Paul écrit dans 2 Corinthiens 9 à propos des dons humains et de la collecte d'offrandes pour les chrétiens pauvres de Jérusalem. Il les félicite pour leur empressement à aider et leur rappelle que « celui qui sème peu moissonnera peu, et celui qui sème abondamment moissonnera abondamment ».

Puis il parle du don de Dieu d'envoyer Jésus sur terre pour nous. Incapable de le décrire, il dit simplement : « Grâces soient rendues à Dieu pour Son don ineffable ». Pourquoi Paul appelle-t-il Jésus indescriptible ?

En raison de Sa nature

Je crois que Paul a appelé Jésus indescriptible en raison de Sa nature. Comment décririez-vous Jésus ? Quels mots choisiriez-vous ?

Comment décrivez-vous un bébé né d'une vierge ? Comment décrivez-vous ce qui est esprit quand tout ce que nous n'avons jamais connu est, soit physique, soit matériel ? Comment décrivez-vous Dieu qui a toute la connaissance quand nous n'avons qu'une connaissance limitée ? Comment décrivez-vous Dieu qui est tout-puissant ? Les mots ne sont pas adéquats. Beaucoup des plus grands esprits théologiques de l'époque se sont réunis et ont essayé de décrire Jésus. Ils ont été incapables de le décrire adéquatement.

En raison de Son but en venant sur terre

Les anges ont annoncé aux bergers : « C'est qu'aujourd'hui, dans la ville de David, il vous est né un Sauveur, qui est le Christ, le Seigneur ». Que célébrons-nous à Noël ? Nous célébrons le fait que Jésus est venu dans notre monde pour nous sauver. Dieu a vu que l'humanité avait besoin d'être sauvée. Notre plus grand besoin est celui d'un Sauveur. Il n'y aura jamais de paix sur terre tant que les hommes n'auront pas été libérés de leurs péchés, que leurs cœurs n'auront pas changé et que leurs façons de penser n'auront pas changé. Notre plus grand besoin est d'être sauvés des flammes mêmes de l'enfer.

En raison de la grâce par laquelle Jésus est donné

Dieu donne un cadeau non pas parce qu'Il se sent obligé de donner un cadeau, mais parce que Son amour est si écrasant. C'est un don de grâce. Et il n'y a pas de mots assez adéquats pour décrire la grâce de Dieu envers nous en Jésus. C'est ce qui rend le don de Dieu si spécial. Il ne nous doit rien. En effet, nous sommes en constante rébellion contre Lui et Sa volonté pour nos vies. Dans cet esprit, Paul dit dans Romains 5 : « Mais Dieu prouve son amour envers nous, en ce que, lorsque nous étions encore des pécheurs, Christ est mort pour nous ».

En raison de Son effet sur nous

La Bible enseigne que lorsque nous acceptons Jésus, le don indescriptible de Dieu, nous ne serons plus jamais les mêmes à cause de la façon dont Il affecte notre vie et de la paix, la joie et l'amour qu'Il a placés en nous. Nous sommes adoptés dans Sa famille. Nous sommes un fils ou une fille adoptif du Dieu Tout-Puissant. Nous avons la garantie de la citoyenneté dans Son royaume. Nous sommes frères et sœurs dans la famille de Dieu parce que nous avons accepté Son don indescriptible. Ainsi, dans la plénitude des temps, Dieu a envoyé Son Fils unique comme un bébé.

Indescriptible ! Mais la bonne nouvelle est que vous n'avez pas besoin d'être capable de Le décrire pour L'accepter. Vous avez juste besoin d'être réchauffé et changé par Lui. Alors faites le voyage dans votre cœur et acceptez le don indescriptible que Dieu a pour vous. Souvenez-vous de la raison de la saison. Joyeux Noël !

Une vie remplie d'espoir

« Or, l'espérance ne trompe point, parce que l'amour de Dieu est répandu dans nos cœurs par le Saint Esprit qui nous a été donné ».

—Romains 5:5

Écoutez les médias d'information n'importe quel jour, et vous vous demandez probablement : « Reste-t-il encore de l'espoir ? ». La flambée des prix de l'énergie, les catastrophes liées aux conditions météorologiques, l'instabilité économique, les conflits militaires, la criminalité, les licenciements, les suicides... Ça n'en finit pas. Même plus près de chez vous, peut-être luttez-vous contre le désespoir concernant votre mariage, vos enfants, votre travail, vos amitiés ou d'autres choses qui vous sont chères.

Nous avons tous besoin d'espoir ! Lorsque nous traversons les moments les plus difficiles de la vie, nous devons croire qu'une issue positive est possible. Lorsque nous sommes piégés dans un tunnel de misère, l'espoir indique la lumière au bout. Lorsque nous sommes surmenés et épuisés, l'espoir nous donne une énergie nouvelle. Lorsque nous sommes découragés, l'espoir élève notre moral. Lorsque nous sommes tentés d'abandonner, l'espoir nous fait continuer.

Lorsque nous perdons notre chemin et que la confusion obscurcit la destination, l'espoir émousse le tranchant de la panique. Lorsque nous craignons le pire, l'espoir nous rappelle que Dieu est toujours aux commandes. Lorsque nous devons endurer les conséquences des décisions de Dieu, l'espoir alimente notre rétablissement.

Lorsque nous nous retrouvons au chômage, l'espoir nous dit que nous avons encore un avenir. Lorsque nous sommes forcés de rester en retrait et d'attendre, l'espoir nous donne la patience de faire confiance. Lorsque nous nous sentons rejetés et abandonnés, l'espoir nous rappelle que nous ne sommes pas seuls. Lorsque nous faisons nos derniers adieux à quelqu'un que nous aimons, l'espoir d'une vie au-delà de la tombe nous aide à surmonter notre chagrin.

L'espoir n'est pas optionnel. Il est essentiel à notre survie. L'espoir est aussi important pour nous que l'eau l'est pour un poisson, aussi vital que l'électricité l'est pour une ampoule, aussi essentiel que l'air l'est pour un jumbo jet. L'espoir est fondamental à la vie. Nous ne pouvons pas rester sur la route de nos rêves sans lui, du moins pas très longtemps.

Beaucoup ont essayé, aucun avec succès. Enlevez-nous notre espoir, et notre existence se réduit à la dépression et au désespoir.

Quand la vie fait mal et que les rêves s'estompent, rien n'aide autant que l'espoir.

Mais d'où vient l'espoir ? Est-ce quelque chose que nous pouvons cultiver en nous-mêmes ? La pensée positive détient-elle la clé ? Vers quoi vous tournez-vous pour trouver l'espoir ?

Dans la Parole de Dieu, vous découvrirez un espoir éternel et inépuisable dans lequel vous pouvez puiser chaque jour pour le reste de votre vie. (Ces réflexions sont tirées du livre de Charles Swindoll, « The Rising Hope » ; ce livre nous donne un aperçu d'une vie victorieuse).

Le Christ sera-t-il au centre de votre Noël ?

Ésaïe 9:6 « Car un enfant nous est né, un fils nous est donné, et la domination reposera sur son épaule ».

Le Christ sera-t-il au centre de votre célébration en cette période de Noël ? Vivez-vous pour les choses pour lesquelles le Christ est mort ?

Les chrétiens doivent se rappeler que notre joie est due à Jésus, nos chants à notre Sauveur, notre amour à notre Seigneur, notre héritage à Son incarnation et nos bénédictions à Sa naissance.

Sans aucun doute, Jésus a la réponse à chaque question et la solution à chaque problème.

Si vous êtes fatigué d'esprit, Jésus dit : « Venez à moi, vous tous qui êtes fatigués et chargés, et je vous donnerai du repos » (Matthieu 11:28).

Si vous avez besoin de biens matériels de base, Jésus dit : « Cherchez premièrement le royaume et la justice de Dieu ; et toutes ces choses vous seront données par-dessus » (Matthieu 6:33).

Si vous êtes inquiet pour la vie, Jésus dit : « Rassurez-vous, c'est moi ; n'ayez pas peur ! » (Matthieu 14:27).

Si vous voulez être un témoin pour les perdus, Jésus dit : « Mais vous recevrez une puissance, le Saint Esprit survenant sur vous, et vous serez mes témoins » (Actes 1:8).

Si vous êtes faible de corps, Jésus dit : « Lève-toi, lui dit Jésus, prends ton lit, et marche » (Jean 5:8).

Jésus-Christ est le merveilleux conseiller. Il a un conseil pour chaque crise, un plan pour chaque problème, une direction pour chaque dilemme, une prescription pour chaque douleur, et un message pour chaque homme.

Pour le chrétien, le conseil du Seigneur est comme du miel au goût, de l'harmonie à l'oreille, de la santé pour le corps, du bonheur pour l'âme, et de l'espoir pour le cœur. Afin de s'assurer que notre Christ conquérant est au centre de notre célébration de Noël, nous devons :

Nous souvenir de Ses pouvoirs personnels (Ésaïe 9:6b).

Ésaïe a écrit : « Car un enfant nous est né, un fils nous est donné... On l'appellera... Dieu puissant » (Ésaïe 9:6).

Jésus est l'homme-Dieu. Marie savait quand Jésus est né qu'Il était plus âgé que sa mère mais du même âge que Son Père.

Avant que le temps ne commence, Christ existait avec Son Père céleste. Jésus est descendu des cieux étoilés et glorieux. Il est né à Bethléem, caché en Égypte, élevé à Nazareth, baptisé dans le Jourdain, et tenté dans le désert.

Christ a accompli des miracles au bord de la route, guéri des multitudes sans médicament, et n'a rien fait payer pour Ses services. Il a vaincu tout ce qui s'est dressé contre Lui. Puis Jésus-Christ a pris nos péchés jusqu'au Calvaire et est mort pour le monde.

Il a été enterré dans le nouveau tombeau de Joseph et, comme prévu, est ressuscité de la tombe avec la puissance de Son omnipotence.

Quelqu'un a dit : « Christ a creusé les gorges profondes, entassé les collines, et sondé les montagnes par Sa volonté. La lune et les étoiles ont bondi sur Son bras. Il n'a pas eu besoin d'écrire Sa signature dans le coin d'un lever de soleil car Il est le créateur. Il n'a pas eu besoin de placer une marque de blanchisserie sur le revers d'une prairie car Il en est le propriétaire. Il n'a pas eu besoin de graver Ses initiales sur le flanc de la montagne car Il en détient le titre. Christ n'a pas eu besoin de marquer au fer le bétail des mille collines car Il en est le propriétaire. Il n'a pas eu besoin de prendre un droit d'auteur sur les chansons que chantent les oiseaux car Christ en est l'auteur ».

Jésus-Christ représente la guérison gratuite et le salut complet. Aujourd'hui, les scientifiques sociaux sont capables de mettre un nouveau costume à l'homme, mais seul Christ peut mettre un homme nouveau dans un costume. Jésus précède tous les autres dans leur priorité, dépasse tous les autres dans leur supériorité, et succède à tous les autres dans leur finalité.

En effet, Jésus est le Christ conquérant de Noël !

John Wayne

Avant que John Wayne ne décède ! La plupart d'entre vous le connaissent comme acteur. Vous ne savez peut-être pas ce qui lui est arrivé avant sa mort. Voici cette histoire ! La fille adolescente de Robert Schuller, Cindy, a eu un accident de moto et a dû se faire amputer la jambe. John Wayne est un grand fan de Robert Schuller. Il a entendu le Dr Schuller dire dans l'une de ses émissions que sa fille avait eu un accident et qu'elle avait dû se faire amputer la jambe. John Wayne lui a écrit une lettre pour lui dire : « Chère Cindy, je suis désolé d'apprendre votre accident. J'espère que vous irez bien. Signé, John Wayne ». Le mot lui a été remis et elle a décidé qu'elle voulait écrire une lettre en réponse à John Wayne.

Elle a écrit : « Cher M. Wayne, j'ai reçu votre lettre. Merci de m'avoir écrit. Je vous aime beaucoup. Je vais aller bien parce que Jésus va m'aider. M. Wayne, connaissez-vous Jésus ? J'espère vraiment que vous connaissez Jésus, M. Wayne, parce que je ne peux pas imaginer que le ciel soit complet sans que John Wayne y soit. J'espère que, si vous ne connaissez pas Jésus, vous donnerez votre cœur à Jésus maintenant. On se voit au ciel ». Et elle a signé de son nom.

Elle venait juste de mettre cette lettre dans une enveloppe, de la sceller, et d'écrire « John Wayne » sur le devant, lorsqu'un visiteur est entré dans sa chambre pour la voir. Il lui a dit : « Que faites-vous ? ». Elle a répondu : « Je viens d'écrire une lettre à John Wayne, mais je ne sais pas comment la lui faire parvenir ». Il a dit : « C'est drôle, je vais dîner avec John Wayne ce soir au Newport Club à Newport Beach. Donnez-la-moi et je la lui remettrai ». Elle lui a donné la lettre et il l'a mise dans la poche de son manteau. Ils étaient douze ce soir-là, assis autour de la table pour le dîner. Ils riaient et plaisantaient, et l'homme a mis la main dans sa poche, a senti la lettre et s'est souvenu.

John Wayne était assis au bout de la table et l'homme a sorti la lettre et a dit : « Hé, Duke, j'étais dans la chambre de la fille de Schuller aujourd'hui et elle vous a écrit une lettre et voulait que je vous la donne. La voici ».

Ils ont fait passer la lettre à John Wayne et il l'a ouverte. Ils continuaient à rire et à plaisanter, et quelqu'un a jeté un coup d'œil à John Wayne. Il pleurait. L'un d'eux a dit : « Hé, Duke, qu'est-ce qui ne va pas ? ». Il a répondu (vous ne l'imaginez pas en train de le dire ?) : « Je veux vous lire cette lettre ». Il a lu la lettre.

Puis il a commencé à pleurer. Il l'a pliée, l'a mise dans sa poche, et il a pointé du doigt l'homme qui la lui avait remise et a dit : « Allez dire à cette petite fille que, maintenant, dans ce restaurant, ici même, John Wayne donne son cœur à Jésus-Christ et que je la verrai au paradis ». Trois semaines plus tard, il est mort !

Le Chemin Romain

Le Chemin Romain définit clairement :
  Le Chemin Romain du Salut
  Le Chemin Romain vers le plan de salut

Le Chemin Romain expose le plan à travers une série de versets bibliques.

Lorsqu'ils sont disposés dans un certain ordre, ces versets forment un moyen simple et systématique d'expliquer le message du salut. Il existe de nombreuses versions différentes du Chemin Romain avec de légères variations dans les Écritures, mais le message et la méthode de base restent les mêmes. Beaucoup de gens mémorisent et utilisent le Chemin Romain pour partager la bonne nouvelle.

Le livre des Romains

    a. Qui a besoin du salut.

    b. Pourquoi nous avons besoin du salut.

    c. Comment Dieu offre le salut.

    d. Comment nous recevons le salut.

    e. Les résultats du salut.

1. Tout le monde a besoin du salut parce que nous avons tous péché.
   Romains 3:10-12, et 23
   « Selon qu›il est écrit : Il n›y a point de juste, pas même un seul ; Nul n›est intelligent, nul ne cherche Dieu ; tous sont égarés, tous sont pervertis ; Il n›en est aucun qui fasse le bien, pas même un seul » ... Car tous ont péché et sont privés de la gloire de Dieu. (LSG)

2. Le prix (ou la conséquence) du péché, c'est la mort.
   Romains 6:23
   « Car le salaire du péché, c›est la mort ; mais le don gratuit de Dieu, c›est la vie éternelle en Jésus Christ notre Seigneur ». (LSG)

3. Jésus-Christ est mort pour nos péchés. Il a payé le prix de notre mort.
   Romains 5:8

« Mais Dieu prouve son amour envers nous, en ce que, lorsque nous étions encore des pécheurs ». (LSG)

4. Nous recevons le salut et la vie éternelle par la foi en Jésus-Christ.
Romains 10:9-10, et 13
« Si tu confesses de ta bouche le Seigneur Jésus, et si tu crois dans ton coeur que Dieu l'a ressuscité des morts, tu seras sauvé. Car c'est en croyant du coeur qu'on parvient à la justice, et c'est en confessant de la bouche qu'on parvient au salut, selon ce que dit l'Écriture... Car quiconque invoquera le nom du Seigneur sera sauvé » (LSG).

5. Le salut par Jésus-Christ nous amène à une relation de paix avec Dieu.
Romains 5:1
« Étant donc justifiés par la foi, nous avons la paix avec Dieu par notre Seigneur Jésus Christ » (LSG). Romains 8:1 « Il n'y a donc maintenant aucune condamnation pour ceux qui sont en Jésus Christ » (LSG). Romains 8:38-39 « Car j'ai l'assurance que ni la mort ni la vie, ni les anges ni les dominations, ni les choses présentes ni les choses à venir, ni les puissances, ni la hauteur, ni la profondeur, ni aucune autre créature ne pourra nous séparer de l'amour de Dieu manifesté en Jésus Christ notre Seigneur ». (LSG).

Répondre au don gratuit de salut du Chemin Romain.

Si vous croyez ce que vous avez lu dans ces versets, vous pouvez répondre en recevant le salut de Dieu aujourd'hui. Voici comment entreprendre un voyage personnel sur le Chemin Romain :

1. Admettez que vous êtes un pécheur.
2. Comprenez qu'en tant que pécheur, vous méritez la mort.

3. Croyez que Jésus-Christ est mort sur la croix pour vous sauver du péché et de la mort.

4. Repentez-vous en tournant le dos à votre ancienne vie de péché pour une nouvelle vie en Christ.

5. Recevez, par la foi en Jésus-Christ, son don gratuit de salut.

www.ingramcontent.com/pod-product-compliance
Lightning Source LLC
Chambersburg PA
CBHW071004120626
46546CB00003B/920